デジタル変革と

「顧客価値リ・インベンション戦略」を実践する組織と人財

学習する組織

NTTデータ代表取締役副社長 山口重樹

ダイヤモンド社

はじめに――「学習する組織」づくりを、デジタル変革で加速する

デジタル変革には取り組んでいるものの、その成果を実感できない――。

デジタル・トランスフォーメーション(DX=デジタル変革)の必要性が叫ばれるようになって久しいいまも、そんなもやもやとした思いを抱える経営者は少なくありません。

書店に行けば、デジタル変革をテーマにした書籍があふれています。アカデミックな理論から経営者向けの戦略論、現場のハウツーまで切り口も多種多様なら、あらゆる業種業態にわたる成功事例も百花繚乱。これだけバリエーションがあれば、自社の状況にあてはまるメソッドや、近い事例を探すことは難しくありません。事実、既存の方法や前例を取り入れることで成果を出している企業も多数存在します。

私自身、前著『信頼とデジタル　顧客価値をいかに創造するか』において、日本の大企業がデジタル改革で直面しがちな「全社戦略とデジタル戦略の分断」という課題への処方箋として「顧客価値リ・インベンション戦略」を説きました。共著者の神戸大学大学院経営学研究科の三品和広教授の「事業立地論」を援用させていただきながら、「顧

客提供価値」を起点にデジタル戦略を組み立て直すことを提案したものです。読んでいただいた多くの経営者の方々から「自社のデジタル戦略を考えるうえで大変参考になった」「既存の強みを活かすデジタル戦略とはどういうものかよくわかった」という嬉しい声をいただきました。

前著を執筆した大きな動機は「理論と実践をつなぎたい」という思いでした。私は、お客さま企業のビジネスパートナーとしてデジタル変革プロジェクトを支援する仕事をしています。同時に社内では経営者として自社のデジタル変革を推進しています。デジタル変革の必要性も、それを実際に自社のビジネスに組み込むことの難しさも、実感として非常によくわかるのです。だからこそ両者のギャップを埋めるべく、三品先生にもご協力いただき、理論と現場を結ぶ戦略をできるだけ詳細に示そうとしたのです。

しかし、冒頭のような経営者の言葉に応えるためには、戦略論だけでは十分ではありません。戦略そのものが間違っていなくても、その戦略が自社の器にしっかり落とし込めていなければ、やはり迷いは生じてしまうからです。デジタルビジネスは従来のビジネスとさまざまな意味で異なります。だからこそ、どこがどう違うのかを解像度高く理解していないと、正しく運用することも正しく成果を測ることもできません。一般名詞の「デジタル変革」を、固有名詞の「自社の改革」にブレイクダウンする仕組みを明確化しなければならないのです。

デジタル変革のための戦略を実行する組織を企業のなかのどこに位置づけ、誰がどのように関与して成果を出していくか。そのための方法論と、実践のためのガイドラインを示す意義があるのではないか――。そんな考えから、前著で踏み込めなかった実践的な組織論をまとめる作業に着手することにしたのです。

デジタル変革プロジェクトの立ち上げ、運用については実践を通じた蓄積がありましたが、これを全社変革につなげるためには、より射程の広いフレームワークが必要です。そこで思い出したのが、マサチューセッツ工科大学スローン経営大学院のピーター・センゲ教授による組織マネジメント論「Learning Organization=学習する組織」でした。この考え方が初めて示され、世界的ベストセラーになった『The Fifth Discipline（邦訳：最強組織の法則）』を、私は30年前に読み、非常に感銘を受けました。ここでセンゲ氏は、組織が激しい環境変化に対応していくためには組織全体が学習する能力を持たなければならないこと、そしてそのためには「5つのディシプリン」が必要であることを語っています。

1990年代と現在ではビジネス環境はまったく違いますが、「変化の時代」であるという点は同じです。常に新たなテクノロジーが生まれ、発展し、激しい変化が運命づけられたデジタル経済下においては、組織も「これが完成形だ」といえるようなゴールを持つことができません。市場の変化に合わせてダイナミックに変化し、成長し続けなくてはならないのです。それはまさに「学習する組織」といえるでしょう。

こうした視点でこの本を読み返すと、進化するデジタル技術は「学習する組織」を高度化・加速化するドライバーになり得ることに気づきました。今回、幸運にもセンゲ氏と直接対話する機会に恵まれたので、その考えを率直に投げかけてみると、とても気持ちよく賛同していただきました。加えて、デジタル化という大きな変化に直面した現状をセンゲ氏がどう捉えているかという貴重な見解も聞くことができました。この対話は巻末に収めているので、ぜひご参照いただきたいと思います。このように本書は、デジタル変革の現場で得られた知見に、フレームワークとして「学習する組織」の5つのディシプリンを重ね合わせたデジタル変革の実践論になっています。

本書の構成を簡単に紹介しておきましょう。

第1章では、大企業のデジタル変革が思うように進まない背景を解説しています。デジタル化とひと口に言っても、既存業務の効率化を目指す「足し算のデジタル(Add-on-Digital)」と、新しい価値創出を目指す「掛け算のデジタル(X-Digital)」では、それぞれ方法論が異なります。効率化だけなら既存の仕組みを大きく変える必要はありませんが、価値創出を目指すなら仕組みまで刷新しなければならないのです。いま、組織全体の大改革ではなく、デジタル変革プロジェクトのための新組織を「出島型」で立ち上げる大企業が多くなっています。ただし、出島は出島で既存事業とのシナジーが生まれにくいという欠点があります。そこで本章では、独立型を基本にしつつ、全社変革の推進役として機能し得る価値創造型組織「アジャイルビジネス組織」の立ち上げを提案しています。

第2章では、デジタルエコノミーを俯瞰しながらデジタル変革の前提条件を整理しています。特に、多種多様なデジタル技術を、「時間や空間の制約、人間の認識能力や処理能力の制約」から解放するという観点から、Convert（変換する）、Connect（つなぐ）、Algorithm（計算処理する）、Cognize（認識する）という4つに分類し「CCAC」を統合したシステムとして理解できるように構造を示したことは、デジタルがビジネスに与えるインパクトを把握するうえで有用だと考えています。また、デジタルがビジネスの根幹である「顧客価値」と「コスト」にどのような影響を与えているかについても、私なりの考えを整理しました。

第3章では、前著で解説した「顧客価値リ・インベンション戦略」の実践として、アジャイルビジネス組織を立ち上げ、運営していく方法を具体的に示しています。特に、既存組織との連携と独立のバランスについては肝となる部分として強調して解説しています。また、デジタルを活用した新規事業創出に欠かせない情報システムのアーキテクチャについての考え方も示しました。

第4章では、アジャイルビジネス組織のケーススタディとして、当社で実際に立ち上げたデジタル変革プロジェクト「Digital CAFIS」を紹介しています。実際にマネジメントにあたった事業責任者、組織責任者へのインタビューを軸に、価値創造型組織の立ち上げと運営にあたっての課題やマネジメントの工夫、そこから得られた成果などを生の声でお届けするとともに、この経験を踏まえた組織や人財のマネジメントのポイントについても考察しています。

第5章では、デジタル変革の成功に必要な人財についてまとめました。デジタル変革プロジェクトは、既存事業のプロジェクトとは扱う内容も進め方も違います。そのため、スタッフ、マネジャー双方に求められるスキルも既存組織とは異なります。スタッフについては、ビジネス人財、テクノロジー人財それぞれについてスキルセットを明らかにするとともに育成方法についても紹介しました。また、アジャイルビジネス組織を引っ張っていくうえで重要な役割を果たすのが、既存事業についても理解したマネジャーです。本章ではそうした人財を「リ・インベンションリーダー」と名づけ、必要なケイパビリティについて考察しました。

第6章では、デジタル変革を全社に広げる方法論と、そのための経営者の役割について述べました。アジャイルビジネス組織で得られた成果を企業全体の進化に生かすには、新旧組織を貫いて全社に通用する「共通のものさし」や「共通のマインド」が必要です。そのために経営者は、ビジョンの浸透を図り、考える習慣を根づかせ、一人ひとりのモチベーションを活性化させるといった「学習する組織の5つのディシプリン」を浸透させる役割を担わなくてはならないのです。

企業がデジタル変革で顧客価値をリ・インベンションし続ける意義は、ただ企業の成功、従業員の成長にとどまりません。多くの企業がそうした活動に取り組むことによって、より快適で便利な社会の実現が近づくのです。たゆまぬ学習を通じて組織を成長させ、それによって社会全体を学習する組織として進化させていきたい。本書を通じて、一人でも多くの方と同じ思いを共有できることを願っています。

山口重樹

デジタル変革と学習する組織◎目次

第3章

顧客価値リ・インベンション戦略を実践するデジタル変革プロジェクト

第4章 アジャイルビジネス組織の実践

NTTデータのアジャイルビジネス組織〈Digital CAFISプロジェクト〉 93

第5章

デジタル変革を成功させるために必要な人財　129

第6章

デジタル変革を全社に広げるために　157

対談

ピーター・センゲ×山口重樹

おわりに

第1章

大企業のデジタル変革は、なぜ思うように進まないのか

多くの企業が直面する「デジタル化の課題」

経済産業省が『DXレポート』で、「2025年の崖」という強い言葉で日本企業のデジタル化の遅れに警鐘を鳴らしたのは2018年のことでした。特にデジタル化以前に実績を築いてきた大企業は、古い組織構造やITシステムが足かせとなり、このままでは変化に対応できずデジタル競争の敗者になってしまう——。こうした認識は急速に広がり、デジタル・トランスフォーメーション（DX）は日本企業の共通課題になりました。

そしていま、新型コロナウイルスの感染拡大を契機とするニューノーマルへのシフトが社会全体で進んだこともあり、よほど特殊な戦略上の理由でもない限り「まったくデジタル化に取り組んでいない」という企業はほぼ皆無といっていいでしょう。にもかかわらず、「デジタル化に成功した」と胸を張る企業は少数派です。

成果が出ていないからではありません。どの企業もそれなりの人、モノ、カネを投資してデジタル変革プロジェクトを立ち上げ、それに見合った成果を出しているのです。

リモートワーク環境を整備したり、RPAを導入して業務プロセスを自動化したり、蓄積したデータをマーケティングに生かしたり……。こうした取り組みがもたらす効果を、実感はできているのです。それでも多くの経営者からは、「デジタルを経営に生かせていない」「どう進めるべきかわからない」という話が聞かれます。

その理由は、いま手にしている成果の先に「変革」という未来像が見えていないからではないでしょうか。デジタル変革プロジェクトは立ち上げたものの、既存の強みやリソースが生かされていないし、これからも生かされそうにない――。多くの経営者が、そんな曖昧な不全感を抱えているのです。こうしたデジタル化の迷路から脱却し、目指す変革に向かっていくためには、どうすればいいのでしょうか。

第1章では、その迷路を俯瞰することで経営者が抱く不全感の正体を見極め、大企業でデジタル変革が思うように進まない理由を明らかにしたいと考えています。

「足し算のデジタル」と「掛け算のデジタル」を両立させる

大企業のデジタル化が迷走しやすい原因のひとつに「足し算のデジタル」と「掛け算

のデジタル」が混同されていることがある、と私は考えています。

「足し算のデジタル」とは、簡単にいえば既存ビジネスの効率化です。データ入力業務をRPAに代替させたり、設備機器の保守作業をビッグデータやAIを活用して効率化したり、製品プロトタイプを3Dプリンタで作成したり、接客業務に各種デジタルデバイスを導入したり、というように、ビジネスプロセス上でボトルネックになっている部分をデジタル化で生産性を上げる取り組みがこれにあたります。既存の仕組みにデジタル技術を足し合わせるイメージなので、私はこれらを「足し算のデジタル（Add-on-Digital）」と呼んでいます。

一方、顧客の課題をより高いレベルで解決する価値を創出するために、デジタル技術を最大限に活用できるかたちにビジネスの仕組みそのものを最適化していく、というアプローチがあります。デジタル技術とビジネス変革を掛け合わせて、新サービス、新商品、新規事業を生み出していくものですから、私はこれを「掛け算のデジタル（X-Digital）」と呼んでいます。

「足し算のデジタルによる効率化の追求」と「掛け算のデジタルによる価値創造への挑戦」は二者択一ではありません。ビジネスを進化させるためには、どちらも並行して実践しなければならないのです。足し算のデジタルを怠れば、既存の事業立地において競

図表1-1 「足し算のデジタル」と「掛け算のデジタル」

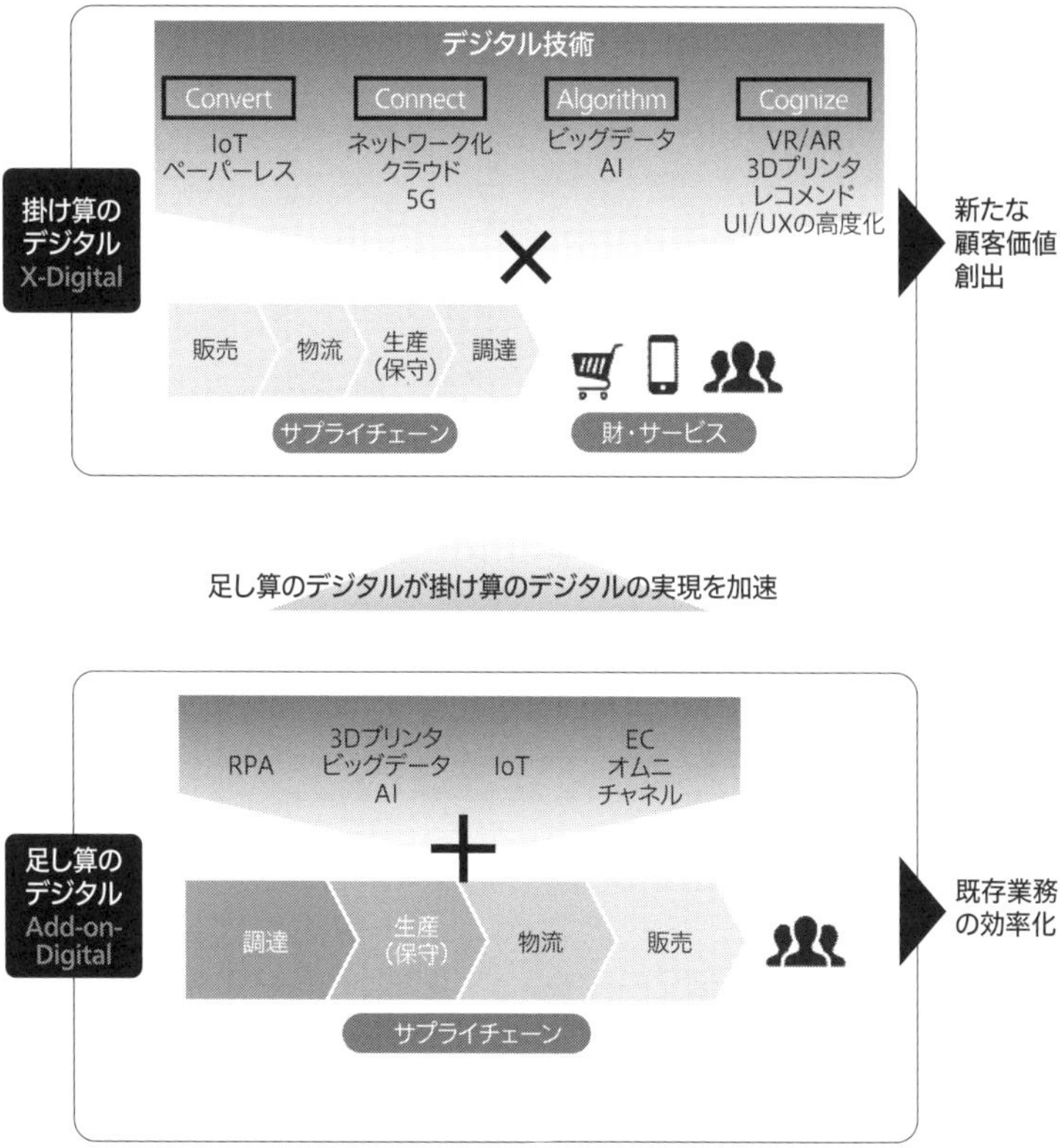
掛け算の
デジタル
X-Digital
デジタル技術
Convert
IoT
ペーパーレス
Connect
ネットワーク化
クラウド
5G
Algorithm
ビッグデータ
AI
Cognize
VR/AR
3Dプリンタ
レコメンド
UI/UXの高度化
×
販売
物流
生産
(保守)
調達
サプライチェーン
財・サービス
新たな
顧客価値
創出
足し算のデジタルが掛け算のデジタルの実現を加速
足し算の
デジタル
Add-on-
Digital
RPA
3Dプリンタ
ビッグデータ
AI
IoT
EC
オムニ
チャネル
+
調達
生産
(保守)
物流
販売
サプライチェーン
既存業務
の効率化

合に対する優位性を保てなくなりますし、掛け算のデジタルを怠れば、新たな事業立地の開拓につながるイノベーションが起こせなくなり、環境変化に対して脆弱になります。「足し算のデジタル」で小さな成果を積み重ねる一方で、「掛け算のデジタル」でビジネス変革を図っていく。この両輪をバランスよくコントロールしながらマネジメントしていくことが、デジタル化時代を生き抜くうえでの大きなポイントなのです。

ただし、「足し算のデジタル」と「掛け算のデジタル」では、それぞれ成功のために求められる組織も、人財も、それらをマネジメントする方法も異なります。前者はいわば業務改善ですから、既存の仕組みのままでも導入できるのですが、後者には新たな仕組みの構築が不可欠です。

既存事業で確固たる実績を築いてきた大企業が「デジタルによるビジネス変革」に取り組む場合、その取り組みの具体的な中身は、次の3つに集約できます。すなわち、①デジタルを活用して既存の顧客に新たな価値を提供する、②デジタルを活用して新たな顧客価値を創出して、顧客の範囲や顧客数を拡大する、③蓄積されたデータ資産や組織能力を活用して新たな事業を立ち上げる、です。そのためには、既存のやり方にとらわれず、ビジネスの変革のためにデジタルという新たな武器を活用していく「掛け算のデジタル」を実践しなければなりません。

実績を積み重ねてきた大企業はこれまで、リアルな活動を前提にして強みを生み出してきました。長期にわたって顧客にリアルな価値を提供し、顧客からの信頼を勝ち取り、それを積み重ねることで確固たる地位を築いてきたのです。デジタルネイティブなベンチャーと比べたときの強みはまさにここにあり、こうした強みを捨てて一夜にして事業を転換することはできませんし、すべきでもありません。既存事業の強化や改善は続けながら、時代に即した新しいビジネスを生み出し、それを契機として時間をかけてビジネス全体を転換していく。つまり絶えざる「事業立地の開拓」を継続していくことが重要なのです。これを怠り、既存の事業立地のなかでの競合との競争だけに注力していては、気づかないうちに自社が拠って立つ地盤が沈下してしまっていた、ということにもなりかねません。

環境変化に踊らされて、個別のデジタル技術に反射的に対処するのではなく、「顧客価値の最大化」という大きな目的に向かってデジタル技術を駆使していく――。そんな意志を持つことこそが重要なのです。

ただし、第2章で詳述するように、あらゆる分野で進展するデジタル化は、経済原理そのものを大きく変化させています。そのため、リアルな世界で強みを発揮できる組織を堅牢に築き上げてきた企業ほど、デジタルな世界では、その強みが逆に弱みになってしまうというジレンマが発生します。既存の組織のなかだけでは、デジタル化が進展したビジネス環境にふさわしい新規サービスや新規ビジネスをスピーディーに立ち上げるのが困難なのです。

現状の業務フローの一部にデジタル技術を導入する「足し算のデジタル」なら、足りない技術や人財を足すだけで、会社の仕組みはそのままでも問題ありません。しかし、先進的なデジタル技術を駆使して革新的なサービスを生み出し、顧客に提供する価値そのものを再創造する「掛け算のデジタル」は「既存の仕組み＋デジタル技術」という単純な足し算ではうまくいきません。ビジネスの基盤となる組織、人財、業務プロセス、ＩＴシステム、さらには企業文化の変革まで視野に入れなければならないのです。だからといって、顧客に支持されている既存事業の仕組みを即座に捨てていいはずもありません。大企業の強みをかたちづくってきた既存の仕組みを維持しながら、時間をかけて全社変革につなげていかなくてはならないのです。

このジレンマの解決策として、多くの大企業において実践されているのが、デジタルの経済原理に最適化した組織を「独立型」で立ち上げる方法です。まずは理想的なデジタル変革を推進できる組織を既存の組織から切り離して立ち上げ、そこで新たなビジネスを立ち上げていく。こうした動きは、いわば「デジタル変革のセオリー」として多くの人に語られています。

しかし、どれだけ革新的なプロジェクトを立ち上げたとしても、そこに企業固有のリソースを生かせなければ、新たな事業立地を開拓することはできず、部分最適に終わってしまいます。変革とは本来、既存のビジネスという土壌に新たな種を蒔き、これまでになかった新たな価値を成長させる営みです。大企業のデジタル変革の推進役として機能する、このような独立型の価値創造型組織を、私は「アジャイルビジネス組織」と呼んでいます。

本書では、その構築に欠かせない「組織づくり」と「人財づくり」、さらにはその両者を最適にマネジメントするための方法論をできるだけ具体的に示していきたいと考えていますが、その前に、大企業にアジャイルビジネス組織が必要とされる背景を整理しておきましょう。

新旧組織の断絶が、大企業のデジタル変革をはばむ

まず、デジタル変革プロジェクトを進めようとする企業が直面する課題を具体的に見てみましょう。

私は長く、製造業、流通業、サービス業などさまざまな業種のお客さまの事業活動を支えるITサービスを提供してきました。お客さまのほとんどが、既存事業で一定の市場を確保している大企業です。業界や業種によって、導入を目指すデジタルソリューションは多様ですが、企業が直面する悩みはいくつかのパターンに整理できます。図表1-2で示したように、大きくは「検証・検討したデジタル変革プロジェクトが事業化できない」という検証・検討段階での悩みと、「事業化にこぎつけたけれど、さまざまな壁にぶつかって失速してしまう」という事業化段階での悩みに分けられるのです。そしていずれの場合も「新たな取り組みを既存の事業に連携できない」という共通点でくくることができます。

たとえば、検証・検討段階の代表的な悩みに、いわゆる「PoC疲れ」があります。

図表1-2 | 企業が直面するDXの悩み

段階	企業が直面するDXの悩み	
検証・検討段階	PoC疲れ	実証実験は多くしてきたが 成果につながらない
	技術適用が目的化	AI・IoT等デジタル技術を導入したものの、 ビジネス自体が変えられない
	技術者の活躍機会	AI・ビッグデータのスペシャリストを採用したが 期待したほど活躍できない人もいる
	既存組織との連携	デジタル特化組織と既存ビジネス部門との 連携がうまくいかない
事業化段階	事業化の優先順位づけ	事業化に向けた各案件の 優先順位・リソース配分の判断が難しい
	スピード感不足	レガシーシステムへの影響、必要なデータの不足、 関係者の利害調整により進まない

PoC（実証実験）は何度も成功させているのに、事業として着地させることができずに疲弊し、結果的にデジタル変革プロジェクト全体が尻すぼみになってしまうというものです。また、せっかくAIやIoTといったデジタル技術の導入を試みても、結局は実務で使われないままフェードアウトしてしまうこともあります。さらには、高額な給与でAIやビッグデータのスペシャリストを採用してデジタル推進部門を立ち上げたにもかかわらず、既存のビジネス組織との連携がうまくいかず、これといった成果を得られないまま、人も部門もくすぶらせてしまう企業も少なくありません。

ある製造業では、設備に多数のセンサーを付け、そこから得られるデータを収集・分析するIoTプラットフォームを導入し、設備の稼働状況をリアルタイムに把握し、故障予測に活用しようとしました。テスト的に一部の工場に先行導入したところ、分析精度は予想以上の高さでした。しかし、肝心の分析結果に基づいたアクションを標準化・ルール化できず、全国展開しても十分な費用対効果が見込めないとして、PoCだけで終わっていました。本来なら「解決したいビジネス課題」が先にあり、その解決につながる技術の導入を検討するのが筋ですが、このケースでは技術の導入が目的化してしまい、ビジネス効果の検討が後手に回ってしまっていたのです。その後経営陣主導でビジネス効果の検討を行い、全国展開が進み始めています。

目的が明確で、ＰｏＣに成功し、費用対効果の高さも確認されたにもかかわらず、事業化段階に進んだ途端に失速してしまうプロジェクトもあります。ある小売企業は、新たな配送サービスを企画しました。新しい仕組みを導入するためには、フロント側のシステム開発だけでなく、既存の業務と既存のＩＴシステムもそれに合わせて変更しなくてはいけません。ところが、フロント側のシステム開発をするメンバーに業務を深く理解している人財がいなかったため、業務部門とのコミュニケーションがうまくいかず、目の前の業務対応に忙しい現場の協力が得られないまま調整は遅々として進みませんでした。結果、予定していたスケジュールが大幅に遅れました。経営陣が状況を理解し、体制強化を行って、何とかサービス開始できました。

デジタル変革がいくら大事だといっても、現実的に目の前の顧客に支持され、収益の柱となっている既存事業をないがしろにできるはずがありません。成功するかどうか不確かなデジタル変革プロジェクトは、運用方針に迷いがあるとすぐ失速してしまうのです。

うまくいかなかった事例では、いずれも新旧組織のブリッジがうまくいっていないことが壁になっていることがわかります。そしてその原因は、新しい組織の役割を明確にしないことや、既存のビジネスの仕組み（組織や人財）を見直さないまま、デジタルという新しい要素を強引に導入しようとしていることにあります。これまで主にＩＴシステムの導入を担ってきた「ＩＴ部門」が、新たなアプローチが必要になるデジタル変革を担うのは難しい、という課題意識を持っている企業はありますが、実際に組織や人財をどのように変革すべきかについては確信が持てず、適切な組織づくりまで踏み込めていない企業もあるのではないでしょうか。

先進企業に学ぶ「アジャイルビジネス組織」のあり方

一方、少数ながらデジタル改革を先進的に進めている大企業も存在します。彼らはどのような組織改革に取り組んでいるのでしょうか。私がお付き合いをさせていただいているお客さまで、実際に行われた組織再構築の3つの事例を、簡単にご紹介したいと思います。

A社は、猛烈な勢いで「経験者採用によるＩＴ部門の強化」を図りました。その背景には、A社のグローバル戦略があります。A社の商品はリアルな「モノ」ですが、グローバルな競争力を高めるために、業務やサプライチェーンのすべてをデジタルによって刷新し、顧客接点を大幅に増加させようとしていたのです。そのために高度なＩＴスキルを持つ人財を集中的な経験者採用で確保し、社内のＩＴ人財を10年間で一気に10倍にまで増やし、デジタルサービスをスピーディーに生み出す４００人規模のＩＴ部門に育てました。「デジタルビジネスをできるだけ内製化する」という強い意志を持ち、社長が強いリーダーシップを発揮してデジタル化を推進しているのがＡ社の特徴です。

Ｂ社は、「デジタル事業領域の別会社」を立ち上げました。データ分析をコアとするデジタル事業部門を子会社として完全に既存組織と切り離して独立させたのです。これはいわゆる「出島戦略」で、既存組織との軋轢のない環境で新しいデジタルビジネスを大きく成長させていくことを狙ったものといえます。

社内のＩＴ部門を高度なデジタル人財の採用によって再構築するか、社外に別会社を立ち上げるか、という違いはありますが、いずれも顧客の要求を迅速に実現するために「アジャイルビジネス組織」の構築を核としてデジタル改革を実践している例、といえます。

一方、既存組織にデジタル要素を融合させることで改革を進めている企業もあります。

その一例がＣ社における「ＩＴ人財の事業部門への分散配置」です。Ｃ社はリアルな媒体を通じて情報サービスを提供していた会社ですが、早くから自社商材のデジタルコ

図表1-3｜国内におけるデジタル変革先進企業の動き

A社
経験者採用によるIT部門強化

トップの強力なリーダーシップでIT部門を経験者採用により拡大
会社全体でデジタル化目標を設定し、全社一体で推進

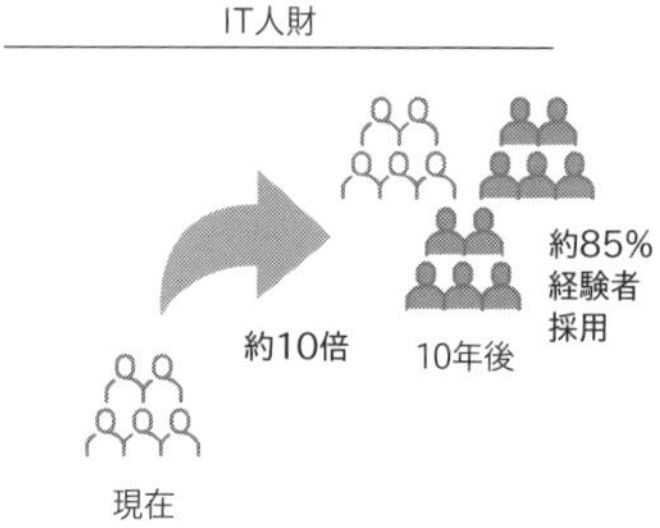
IT人財
約85%
経験者
採用
約10倍
10年後
現在

B社
コアのデジタル領域を別会社化

データ分析をコアとして、デジタル化する部門を分社化

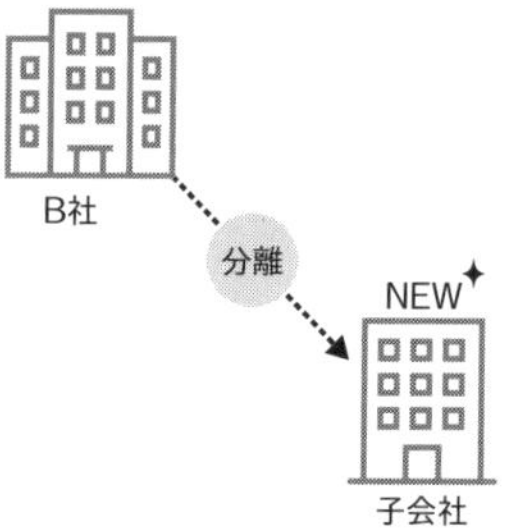
B社
分離
NEW
子会社

C社
IT人財の分散配置

事業部門のデジタル化推進のため、社内にあったIT部門を 解体し、IT人財をすべて各事業部へ再配置

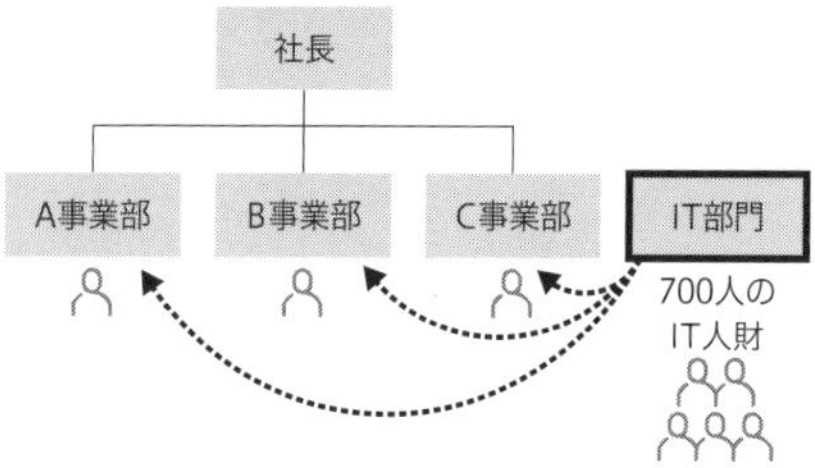
社長
A事業部
B事業部
C事業部
IT部門
700人の
IT人財

ンテンツ化を進めており、こうしたデジタル事業を推進する数百人規模のＩＴ部門を社内会社として抱えていました。これを解体し、すべての事業部門にＩＴ人財を分散させ、再配置を進めているのです。この動きからは「現場からのデジタル変革」によって全社変革を加速しようという意図が読み取れます。

Ｃ社においてもデジタル変革の初期においては、ＩＴ部門を「アジャイルビジネス組織」として機能させていたのです。それがある程度成熟したタイミングで、改革の成果を全社に広げていくフェーズに入ったのだ、と見ることができます。

既存事業がそれなりのボリュームで存在している大企業が、デジタル技術を活用した新規事業や新サービスを立ち上げようとすれば、どうしても過渡的に新旧の要素を組織的に共存させなくてはなりません。それを社内に構築するか、社外に出すか、あるいは既存の組織の枠組みのなかで一体的に進めていくか、という判断は、事業特性や企業の個性、あるいはデジタル変革の進捗度によって異なってくるでしょう。いずれも一長一短があるからです。

既存組織がリアルビジネスに特化している企業の場合、独立したアジャイルビジネス組織を新たに構築すれば、高度なスキルを持った多様なデジタル人財の採用や柔軟な働き方が実現できるため、ベンチャーとの連携も含めた革新的なことにチャレンジしやすくなります。しかし、アジャイルビジネス組織単独で行う小規模な取り組みとしてスタートせざるを得ず、全社的な事業ポートフォリオのなかでの存在感は極めて小さなものとなります。いきなり顧客を獲得して収益を確保できるはずもありませんから、大きな投資も難しくなります。また、現場と離れているため、業務人財の協力が得にくいという問題もあります。すると、ＰｏＣまではスピーディーに進められるものの、肝心の事業化段階で一気に失速するという問題を抱えやすくなるのです。

かといって、デジタル改革にこれから本格的に取り組もうという企業が、Ｃ社のように既存組織に一体化させていくスタイルを選択するのも、極めて成功の確率が低いと言わざるを得ません。

既存ビジネスの人財とデジタルの人財を同じ組織に所属させれば、両者が同じチームで協力しながら業務を進めることができるため、事業化はスムーズに進みやすくなるでしょう。ただし、そうしたメリットが得られるのは、Ｃ社のように早くからデジタル変革に取り組み、業務部門においても一定以上のデジタルリテラシーが醸成されている企業だからこそです。

そうではない企業が、高いデジタルスキルを持つ外部人財を採用したとしても、既存組織のなかに埋め込んだ途端に絶対的な少数派の立場に追いやられ、どうしても従来の

図表1-4｜デジタル変革の組織運営の難しさ

組織形態

一体型

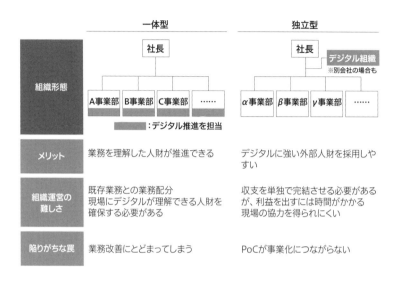

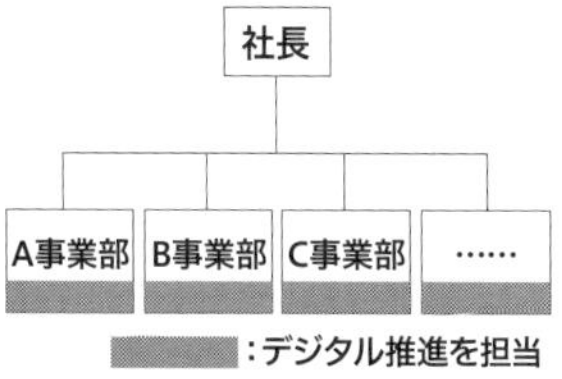
社長
A事業部
B事業部
C事業部
……
:デジタル推進を担当

独立型

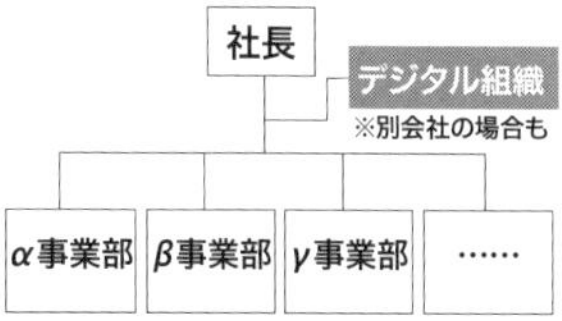
社長
デジタル組織
※別会社の場合も
α事業部
β事業部
γ事業部
……

	一体型	独立型
メリット	業務を理解した人財が推進できる	デジタルに強い外部人財を採用しやすい
組織運営の難しさ	既存業務との業務配分 現場にデジタルが理解できる人財を確保する必要がある	収支を単独で完結させる必要があるが、利益を出すには時間がかかる 現場の協力を得られにくい
陥りがちな罠	業務改善にとどまってしまう	PoCが事業化につながらない

やり方に引っ張られてしまうでしょう。そして、既存事業が多忙になればデジタルの取り組みそのものも後回しになってしまいます。結果として、「足し算のデジタル」までしか達成できず、「掛け算のデジタル」につなげることができなくなるのです。また、高度なデジタルの人財は既存組織の給与や勤務形態にマッチしない可能性も高く、マネジメント面の整合性を保つのも難しくなります。

独立させるだけではうまくいかない

もちろん、先進企業のやり方を形式だけ真似て独立型の新規組織をつくるだけでは「アジャイルビジネス組織」にはなりません。箱をつくって人と技術を準備しただけではイノベーションは生まれません。

デジタル技術を活用して新たな価値を創出していく、というチャレンジ自体を否定する経営者はいないと思いますが、「既存ビジネスとはまったく違うマネジメントが必要である」あるいは「具体的にどのようなマネジメントで運営していかなければならないか」については、まだまだ理解されていないと思います。

そのため、プロジェクトを立ち上げたのはいいけれど、新組織にフィットしたマネジメントが実践できず、そのために新組織で成果を出せないことが多いのです。なかでもよく耳にするのが、せっかく既存組織から新組織を切り出したのに、既存組織と同じマネジメントを押しつけ、既存組織と同じ基準で成果を求めてしまうというものです。これではせっかく切り出した意味がありません。

逆に、マネジメント方法が違うことを理解しているがゆえに「新組織は若い人に自由にやらせよう」「新しく採用したデジタル人財に任せよう」と考えて丸投げしてしまうケースもあります。これはこれで、新旧組織がただ別々に存在しているだけになり、シナジーが生まれる余地がなくなります。こうしたやり方になる背景には、既存事業が順調で、現段階では成長が見込めているために「既存事業のエース人財を新規事業に投下するまでもない」「既存事業に影響を与えず新たな事業を追加してほしい」という、短期的な利益を重視する思考があるのかもしれません。しかし、新旧組織でシナジーが効かないならば、わざわざ企業内でアジャイルビジネス組織を立ち上げる必要はありません。

前著『信頼とデジタル』では、デジタル時代にふさわしい変革の方法論として「顧客価値リ・インベンション戦略」を提案しました。ＧＡＦＡに代表される巨大なデジタル企業の席巻を見れば明らかなように、デジタル化の進展は、既存の大企業の優位性の多くを無効化しています。しかし、既存大企業には、長い時間をかけて築いてきた「信頼」という資産があります。むしろデジタルという新たな力を掛け合わせてレバレッジを効かせれば、デジタルネイティブ企業が持ち得ない強みとして、新たな事業立地を開拓する武器になるのです。デジタル変革プロジェクトの実践に関しても、この戦略が有効ですし、むしろそうしなければ勝ち目はありません。アジャイルビジネス組織において、既存組織と切り離して独立性を高めることが重要であることは事実ですが、どのように連携するかをしっかり設計することも同じぐらい重要なのです。

全社としての達成目標のなかに、アジャイルビジネス組織のミッション、既存組織のミッションをそれぞれ明確に位置づけたうえで、どこを独立させ、どこで連携するかをしっかり設計しなければなりません。全社のマネジメントのあり方を整理することなく、組織を切り出すだけでは成果は期待できないのです。

マネジメントの実際を考えるための前提として、次章では、デジタル化によって経済原理がどう変化しているかを細かく見ていきたいと思います。

第2章

デジタル変革の前提として知っておくべきこと

人間の能力を拡張し、制約から解放するCCAC

既存事業で実績を積み重ねてきた大企業が、ビジネスを変革する「アジャイルビジネス組織」を立ち上げるにあたって、どんな人財をどう配置し、どうマネジメントしていくべきか――。それを考えるにはまず、デジタルが経済の仕組みをどう変えているかについての正しい理解が欠かせません。先行している他社の成功事例をそのまま自社にあてはめるのではなく、変化の全体像をシステムとして理解するのが王道であり、近道でもあるのです。

その第一ステップとして、多種多様なデジタル技術が、現在どのように進化しているか、その様子を概観しておきたいと思います。周知のように、デジタル技術の進歩はとどまることを知りません。通信速度は年々上がり、半導体は集積度をますます高め、センサーがキャッチするシグナルはさらに増加しています。こうした個別の技術の性能進化は、それだけでも十分ビジネスに影響を及ぼしますが、それらがネットワークでつながり、システムとして統合された途端、そのパワーは何倍にもなり、これまで考えられなかったような変化を社会やビジネスにもたらします。デジタル革命の衝撃が語られ始めて久しいですが、そういう意味では、本当に大きな変化が到来するのはこれからといえます。

デジタル化がシステムとしてどんな変化をもたらしているか、その変化の全体像を俯瞰するために、多種多様なデジタル技術を「人間の能力をどう拡張するか」という観点から〈ＣＣＡＣ〉という4機能に分類し、その関係性を図表２‐１に示しました。具体的には、Convert（コンバート＝変換する）、Connect（コネクト＝つなぐ）、Algorithm（アルゴリズム＝計算処理する）、Cognize（コグナイズ＝認識する）です。

Ｃ→Ｃ→Ａ→Ｃの流れは、リアルな世界の情報をデジタル化し、適切に処理し、ふたたび現実世界にフィードバックするプロセスに対応しています。最初のＣであるConvertは、リアルからデジタルへのインプットの窓口です。たとえば、人間が常に持ち歩いたり身体に装着したりするスマートフォンやスマートウォッチは、持ち主のコミュニケーション履歴や身体変化をConvertする装置として機能しています。また、現実世界にあまねく広がる各種ＩｏＴデバイスも、現実の事象を刻々とConvertしています。このようなデバイスが普及するにつれ、デジタル化できる事象の範囲は広がり、その精度も高まっていきます。人間でいえば、外界のさまざまな情報を五感で捉える感覚

図表2-1 | 進化するデジタル技術

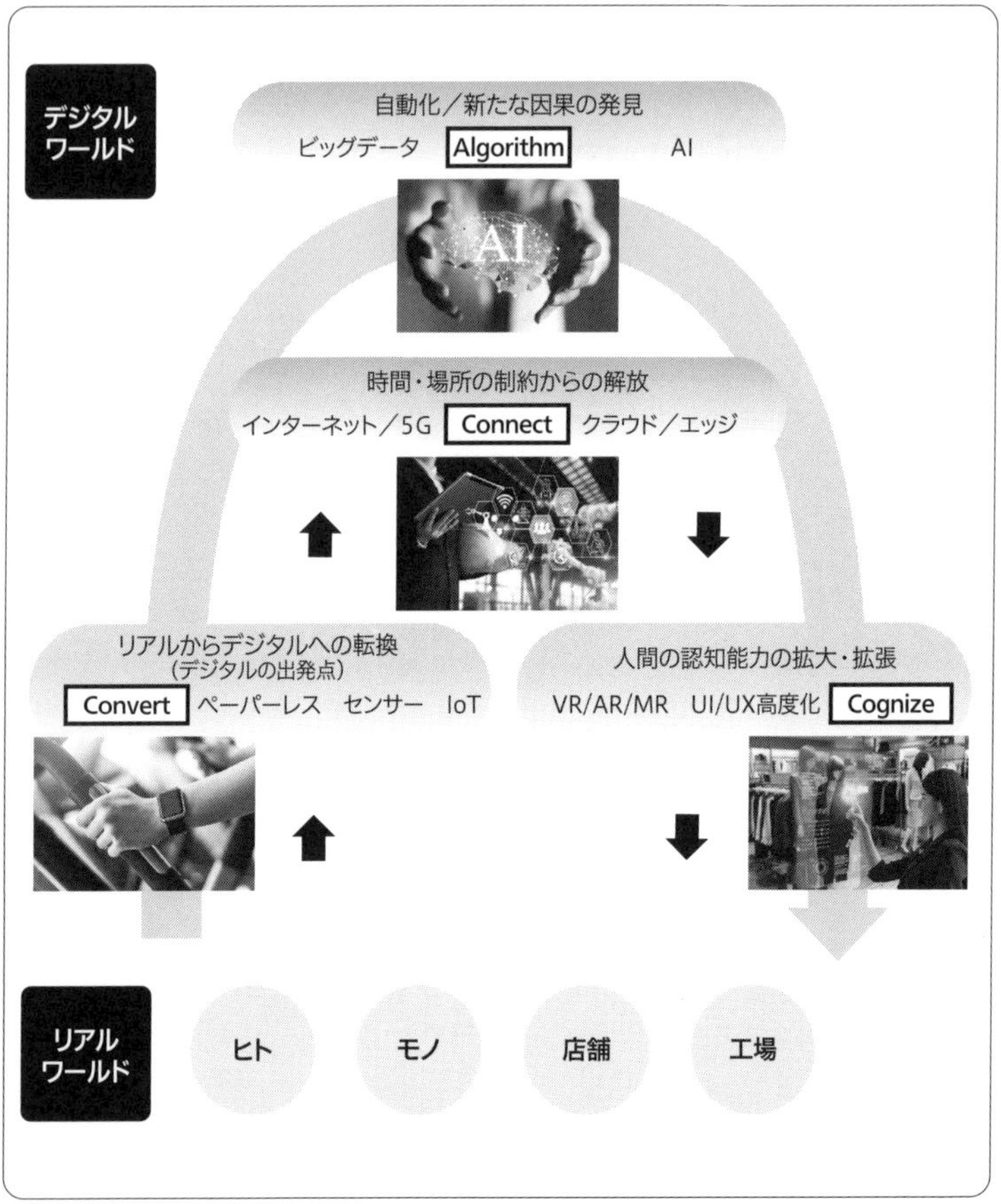
デジタルワールド
自動化／新たな因果の発見
ビッグデータ
Algorithm
AI
時間・場所の制約からの解放
インターネット／5G
Connect
クラウド／エッジ
リアルからデジタルへの転換
（デジタルの出発点）
Convert
ペーパーレス
センサー
IoT
人間の認知能力の拡大・拡張
VR/AR/MR
UI/UX高度化
Cognize
リアルワールド
ヒト
モノ
店舗
工場

器のような役割を果たしているのがConvert関連の技術といえるでしょう。

Convertによってデジタル処理が可能になったデータを、縦横無尽につなぎ合わせるのがConnect関連の技術群です。インターネットや5Gといった通信・ネットワーク関連技術はもちろん、クラウド環境やエッジ環境を支えるセキュリティ関連の技術群もここに含まれます。Connectを担う技術群が、より速く、より安く進化すればするほど、空間や時間の制約を超えてあらゆるモノやコトがつながっていくのです。

ConvertとConnectによって日々生成されるビッグデータをコンピュータで適切に処理すれば、これまで不可知だった相関関係や因果関係が明確になり、新たな知見が生まれてきます。このように、人間の判断や意思決定を支援し、いわば人間の脳の機能を部分的に代替する技術群がAlgorithmです。RPA、機械学習、AIなどがこれにあたります。

Convert→Connect→Algorithmという順序で処理されたデジタル情報を、ふたたびリアルな世界へ反映するのがCognizeです。デジタルデータを人間が知覚可能なかたちで提示するユーザーインターフェース（UI）やユーザー体験（UX）、それを洗練させるグラフィックやアニメーションの技術、さらにはVR（Virtual Reality：仮想現実）、AR（Augmented Reality：拡張現実）、MR（Mixed Reality：複合現実）のようにデジタルとリアルを融合させる技術がそれにあたります。また、プログラムをリアルな活動としてアウトプットするロボティクス、設計データを物理的なモノに変える3Dプリンタなども Cognize に含まれます。

リアルな世界の事象が Convert 技術でデジタル化されると、Connect 技術によってそれを物理的に遠い場所とも瞬時に共有できるようになり、Algorithm 技術は人間がおよそ処理できないような膨大なデータも24時間ノンストップで処理し続けます。このようなプロセスで新たに生成された情報や知見は、Cognize 技術によって人間が認識しやすいかたちに整えられて提供されます。いずれもリアルなモノにはない特性です。デジタルは、リアルの世界では避けることのできない「時間や空間の制約、人間の認識能力や処理能力の制約」から、かなりの部分まで解放される新しい世界を生み出すのです。

CCACシステムによるビジネスの最適化

このように、CCACは社会のさまざまな領域で、人間の能力の限界を広げています。そして、ビジネスにおいても物理的な制約に縛られない仕組みやプロセスの構築を可能にしています。

たとえば、いまや爆発的に普及したスマートフォンも、ＣＣＡＣ技術がコンパクトに実装されたデバイスといえます。視覚情報を取り込むカメラ、位置情報を取得するＧＰＳなどのセンサーを豊富に搭載しており（Convert）、移動通信システムを介してＳＮＳなどのプラットフォームを利用すれば、いつでも、どこでも、誰とでもつながることができます（Connect）。また、小型コンピュータとしてさまざまな暮らしの課題を解決でき（Algorithm）、その結果は、直感的に理解できるインターフェースで表示してくれます（Cognize）。そして、スマートフォンの普及で個人レベルのＣＣＡＣの実装が可能になったことが、社会、経済を大きく変革させる原動力になっているのです。

自動車も、ＣＣＡＣを組み込むことでモノ（車両）からコト（移動体験）へ進化しています。リアルタイム通信でさまざまなサービスを提供できるコネクテッドカーは、カメラやミリ波レーダー、LiDAR（光センサーによる測距技術）などの車載センサーで集めた情報を収集・送信し（Convert、Connect）、分析プラットフォームで車両の異常検知や、周辺環境の把握を行い（Algorithm）、車両保守にまつわる情報や交通情報などを配信します（Cognize）。

より高度にＣＣＡＣを統合することで、新たな価値を創り出して社会に提供するシステムも次々に生まれています。特徴あるConvert技術やCognize技術を活用した事例を3つ紹介してみましょう。

1つめは「電力スマートメーターシステム」です。これは、ＩｏＴをConvert技術として活用した新たな社会インフラで、電気の利用者の自宅に置かれた電力メーター（Convert）から、ネットワークを通じて30分おきに電力使用状況のデータを収集して（Connect）、検針業務を自動化するとともに（Algorithm）、電気使用状況を「見える化」して利用者に提供する（Cognize）システムです。このシステムで生成される電力ビッグデータは、電力会社を中心に設立された「グリッドデータバンク・ラボ」が、さらなる社会活用を検討しています。センサーネットワークを活用したこうした社会インフラは、今後もさまざまなかたちで整備が進むでしょう。

2つめは「ＡＷ３Ｄ®全世界デジタル３Ｄ地図」です。これは、衛星画像をConvert技術として活用した立体地形図で、地球を丸ごとデジタルツイン化する試みです。世界で初めて５ｍ水平解像度と５ｍの高さ精度を実現し、世界中の陸地の起伏を表現しています。多数のセンサーを搭載した地球観測衛星が取得した画像（Convert）から、機械学習技術を活用して地形の凹凸はもちろんビルなどの建造物一つひとつの高さや形状も抽出し（Algorithm）、世界のどのエリアでも、建物の高精細な情報を含む３Ｄ地図を

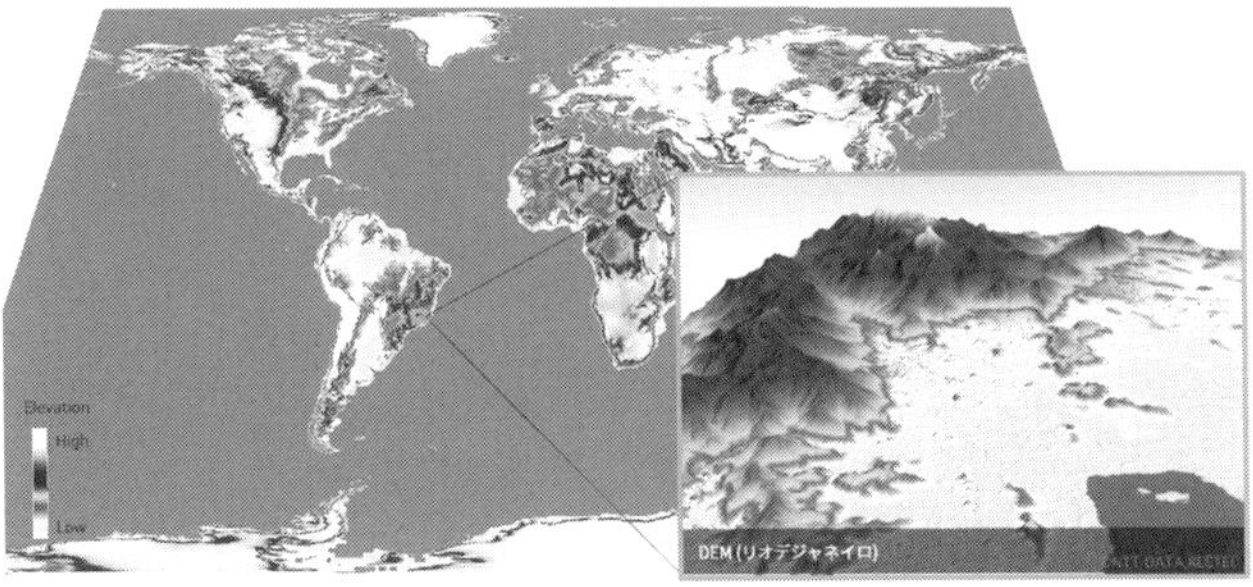
Elevation
High
Low
DEM(リオデジャネイロ)

©NTTDATA included JAXA

©NTTDATA included Maxar Technologies,Inc.

作成できるのです（Cognize）。これらの地図は、防災や都市計画など、さまざまな用途のシミュレーションに活用できます。

3つめは、NTT独自の超高臨場感通信技術「Kirari!®」です。これは、4Kカメラやマイク、位置情報センサーなどをCognize技術に活用し、スポーツやダンスなどのライブパフォーマンスを遠隔地で臨場感のある立体映像と立体音響でリアルに再現するものです。各種センサーでインプットされた情報から（Convert）、リアルタイムに人物像と動きを抽出し（Algorithm）、ネットワークを介して伝送し（Connect）、高度な先進技術を組み合わせて、まるでその場に実在するような立体映像として再現するのです（Cognize）。写真の例では、遠隔地で行われているパフォーマンスを能舞台上に再現し、観客に没入感のある映像体験を提供しています。

こうした事例からもわかるように、CCACは、すべての技術が連続的かつスムーズに機能するようにシステムとして適切に設計されて初めて力を発揮します。逆にいえば、CCACのどこかで問題が発生すれば、そこがボトルネックとなってシステム全体の機能がたちまち鈍ってしまいます。そのため、よいシステムを構築するためには、技術全体を目利きして適切に取捨選択する俯瞰的な視点が必須です。また、どの領域のどの技術が、それぞれどの程度発展しているかによって、ふさわしいシステムアーキテクチャ

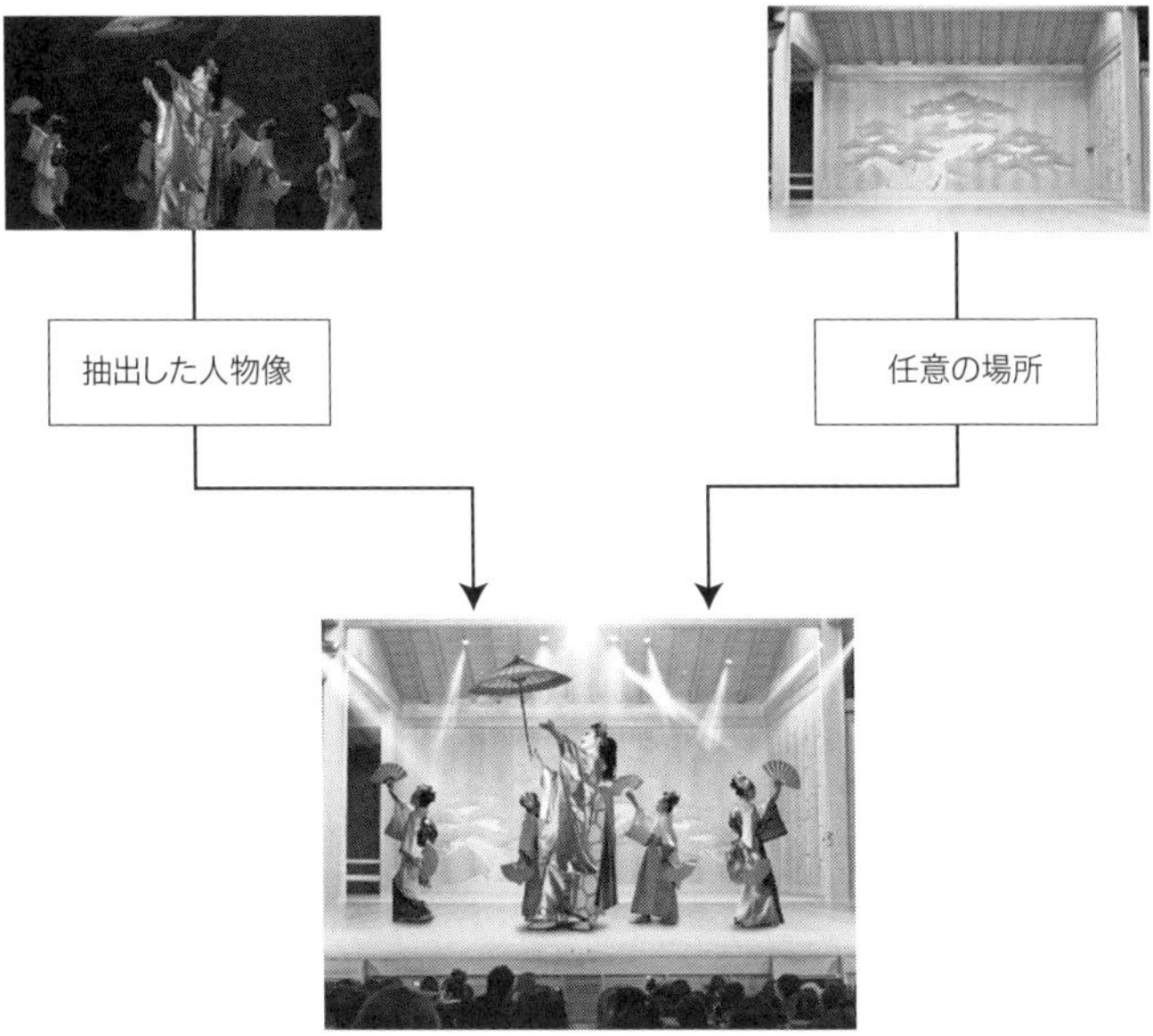
抽出した人物像
任意の場所

ライブパフォーマンスを任意の場所に再現

も変わります。そのため、ビジネスの仕組みに新しいシステムを組み込む場合には、導入時点での完成度の高さを目指すのではなく、導入後の変化にもフレキシブルに対応できる柔軟性の高さを目指すことが重要です。

また、機能面や精度面で十分に実用レベルに達している技術でも、そこから得られるベネフィット以上のコストがかかる場合は現実的に実装が困難です。とはいえ、ベネフィットがどれだけ出せるかは、複数のデジタル技術を組み込んだシステムに依存するため、技術単体ではなく、システム全体でコストとベネフィットを評価していかなければなりません。そして、ベネフィットがコストを上回る閾値を超えると、加速的に普及が進みます。

掛け算のデジタルを実現するためには、"Digital by Default"という考え方でデジタル化を進めることが重要です。つまり「顧客に新たな価値を提供するためのすべてをデジタル化しよう」という視点でまず検討し、どうしてもデジタル化できない部分だけをアナログに残していくのです。

これもCCACに沿って考えるとスムーズです。まず、すべてのデータが発生した時点ですぐさま、ありのままにセンサーを通じてデジタル化すれば（Convert）、何が実現するでしょうか。また、離れた場所にあるものをすべて接続したら（Connect）、何が実現するでしょうか。さらに、現状で人間が担っているすべての処理を自動化したり、判断をAIやビッグデータで高度化したら（Algorithm）、何が実現するでしょうか。最後に、それを人間が最も理解しやすいかたちで伝えると（Cognize）、何が実現するでしょうか。これら４つのデジタル技術を組み合わせて、新たな財・サービス／サプライチェーンがどのように革新できるかを検討するのです。

上記のように、デジタル技術は、新たな顧客価値の創出を可能にする〝イネーブラー〟としての観点と、顧客への新たな提供価値を実現するための〝ツール〟としての観点を行き来しながら、財・サービス／サプライチェーンのデジタル化を考える必要があります。

COLUMN

IoTデバイス拡大の先に見える「デジタルツイン」の可能性

インターネットにつながり、リアルな事象とデジタル世界の橋渡しをするIo

Tデバイスはすでに世の中にあふれていますが、拡大傾向はまだまだ続いています。米国シスコ・システムズ社が2020年に発表した「ネットワークに関する年次報告書」によれば、2023年にインターネットに接続されるデバイスの数は、世界では1人当たり3・6台、日本では1人当たり11・1台まで増えると予測されています。

デバイスの種類としては、これまではPCやスマートフォンといった人間が意識的に使う汎用的な通信機器が中心でした。今後はコネクテッドカーのようなモビリティ関連、健康状態をモニターするバイタルセンサーなどのヘルスケア関連、スマート家電などのコンシューマー関連、スマート工場、スマート物流など、特定の用途を持つデバイスの利用があらゆる領域で増加し、人が介在せず機械同士で情報をやりとりするIoTデバイスは2023年に全体の50%に達するとされています。リアルとデジタルの融合は、今後もとどまることがなく、社会のあり方を大きく変えていくのです。

現実世界の事象の大半がセンサーを通してデジタルデータにConvertされ、機械同士がConnectされる未来では、想像もつかないほど多量のデータがAlgorithmで分析されることになります。リアルの世界の相似形がまるごとデジタルの世界

図表2-2 ｜ ネットにつながるデバイスの増加

スマートフォン、タブレットは一巡したが、今後はIoTが急拡大する想定

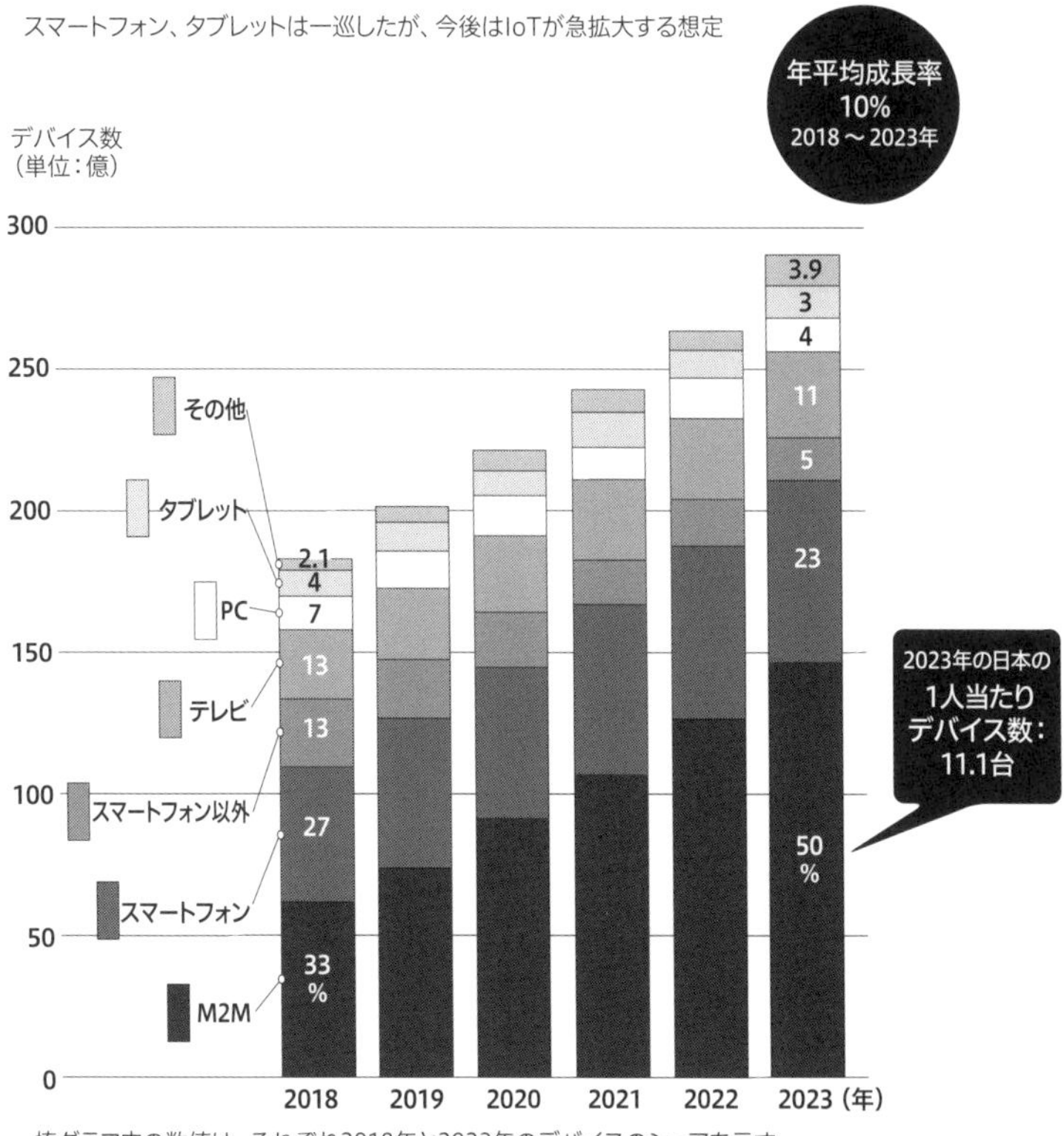

年平均成長率
10%
2018～2023年
デバイス数
（単位：億）
300
250
200
150
100
50
0
その他
タブレット
PC
テレビ
スマートフォン以外
スマートフォン
M2M
2.1
4
7
13
13
27
33
%
3.9
3
4
11
5
23
50
%
2018
2019
2020
2021
2022
2023（年）
2023年の日本の
1人当たり
デバイス数：
11.1台

棒グラフ内の数値は、それぞれ2018年と2023年のデバイスのシェアを示す。

出所：Cisco Annual Internet Report （2018 ～2023年）

に出現することになるのです。いわゆる「デジタルツイン」です。

デジタルツインが実現すれば、現実をさまざまな条件で精緻にシミュレーションできるようになり、都市や社会といった現実の複雑なシステムも最適化できる可能性が高まります。こうしたシステムが、社会や経済を中長期のスパンで大きく変えていくものと思われます。

デジタルが創り出す新たな経済原理

では、CCACのような技術群は、経済原理にどんな影響を与え、ビジネスを変えていくのでしょうか。結論からいえば、デジタル化の進展は、「顧客価値」と「コスト」というビジネスにおける2大ファクターに大きな変化をもたらしています。どんな領域のビジネスであれ、企業経営の核となるのは、「いかに多くの顧客価値を提供するか」、またそれを「いかに少ないコストで実現するか」です。それを追求するためのメカニズムそのものが変化しているからこそ、いま、企業が大きな変革を迫られているのです。

このデジタル技術が引き起こす構造変化の本質を理解することが、デジタル技術を活用して新たな事業立地を開拓していくためには不可欠なのです。

では、CCACがどのように経済原理を生み出すのか、順を追って確認してみましょう。

まず、顧客価値の側面です。

顧客に価値を提供するためには、当然ながら顧客との接点が必要です。これまでは「店舗を構える」「営業担当者を配置する」といったリアルな接点づくりに大きなコストがかかりました。しかし、Convert技術やConnect技術を活用すれば、スマートフォンなどのデバイスを介して、時間と場所を選ばず、顧客のライフシーンのあらゆるところに、あまりコストをかけずに顧客との接点を持てるようになっています。これが「顧客接点のユビキタス化」です。

価値提供のあり方も変わります。ユビキタス化した顧客接点を通じて、顧客に関するデータがあらゆるところから取得・収集できるようになれば、これらをAlgorithm技術で解析・学習することで、顧客ごとにパーソナライズしたサービスを提供できるようになります。すると、時間とともに提供価値を高めていけます。これが「継続的顧客価値向上」です。

デジタルは企業と顧客の関係だけでなく、顧客同士の関係も変えていきます。いまや、オープンなソーシャルメディアで自分が利用した商品やサービスの感想を共有することは多くの生活者にとって日常でしょう。これもConvert技術、Connect技術によるものですが、さらに、Algorithm技術が情報をフィルタリングし、自分に近い意見ばかりを目にしやすい傾向（エコーチェンバー）が強まっています。企業は、個々の顧客がどんな興味・関心を保っているかだけでなく、顧客間で評判が共有され、広がっていくことを前提にして財・サービスを設計したり、マーケティング施策を実施していく必要があるのです。これを「顧客間インフルエンス効果」と呼んでいます。

次に、財・サービスを提供するコスト面です。

財・サービスを顧客に提供するにはコストがかかります。生産設備や人的リソースに限りがある以上、物理的な商品やサービスは、どんどん提供量を増やすわけにはいきません。しかし、Convert技術やConnect技術であらゆる場所に顧客接点をつくり、財・サービスの提供に必要な判断や処理をAlgorithm技術でソフトウェア化して処理を自動化・無人化すれば、その仕組みをつくるための初期コストはかかるものの、ビジネスのボリュームの増加に応じた追加コストは限りなくゼロに近づきます。さらに財・サービスそのものがデジタルコンテンツ化できれば、複製や配布のための追加コストもかかりません。これが「マージナルコストゼロ」です。

一方、デジタルでは、扱うデータ量が増えれば増えるほど「データの規模の経済」が効くことも重要なポイントです。先ほど、デジタルを活用すれば顧客価値を継続的に向上できると述べましたが、顧客価値はデータを集めれば集めるほど効率よく向上できるのです。データは少ないより多いほうが予測や分析の精度が向上するので当然ですが、さらにデータは大量に集めても追加コストがかかりませんし、繰り返し使っても劣化しません。

デジタルはマネジメントのコストも下げてくれます。現場で、現物、現実を見ながら品質を着実に改善していく高い能力を持っていることは、日本の多くの企業の強みですが、デジタルがこれを洗練するのです。Convert技術は現場のあらゆる活動のデータ化を可能にしますし、Algorithm技術でそれらを自動的に集計、分析すれば、社員の働きぶりや事業の進捗状況が自動的にモニタリングできるようになります。これまで人が担ってきた管理やレポートの多くが不要になり、マネジメントに必要な情報が自動的に可視化されるようになります。つまり、マネジメントにまつわる「見える化コストゼロ」が実現するのです。

このように、デジタル技術は「顧客価値」と「コスト」の構造を変えています。これらの経済原理をどのように活用すべきか、それぞれについて持つべき視点を確認してみ

図表2-3｜デジタル技術が実現する経済原理

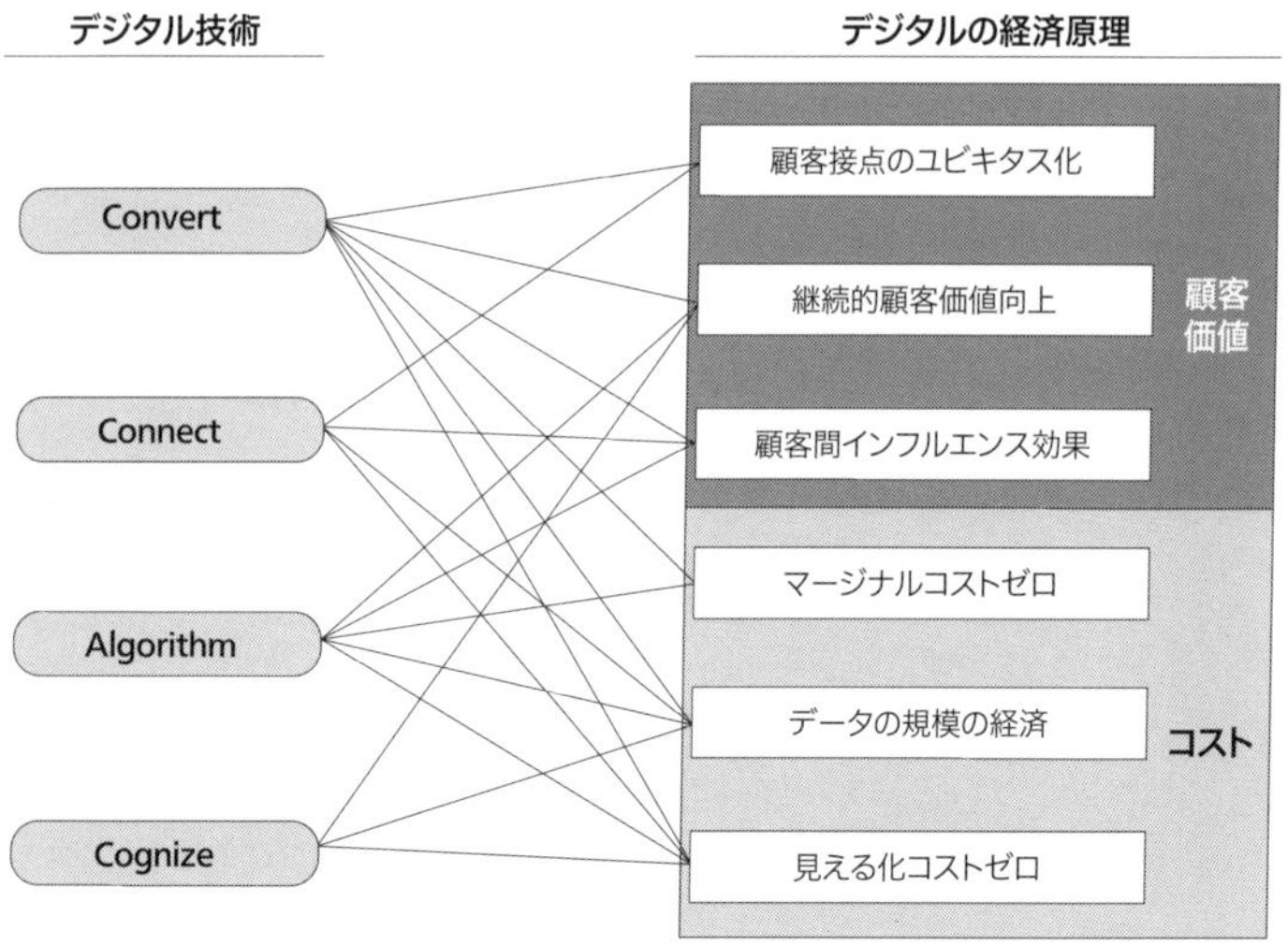
デジタル技術
デジタルの経済原理
Convert
Connect
Algorithm
Cognize
顧客接点のユビキタス化
継続的顧客価値向上
顧客間インフルエンス効果
顧客価値
マージナルコストゼロ
データの規模の経済
見える化コストゼロ
コスト

図表2-4 | デジタルの経済原理① 顧客接点のユビキタス化

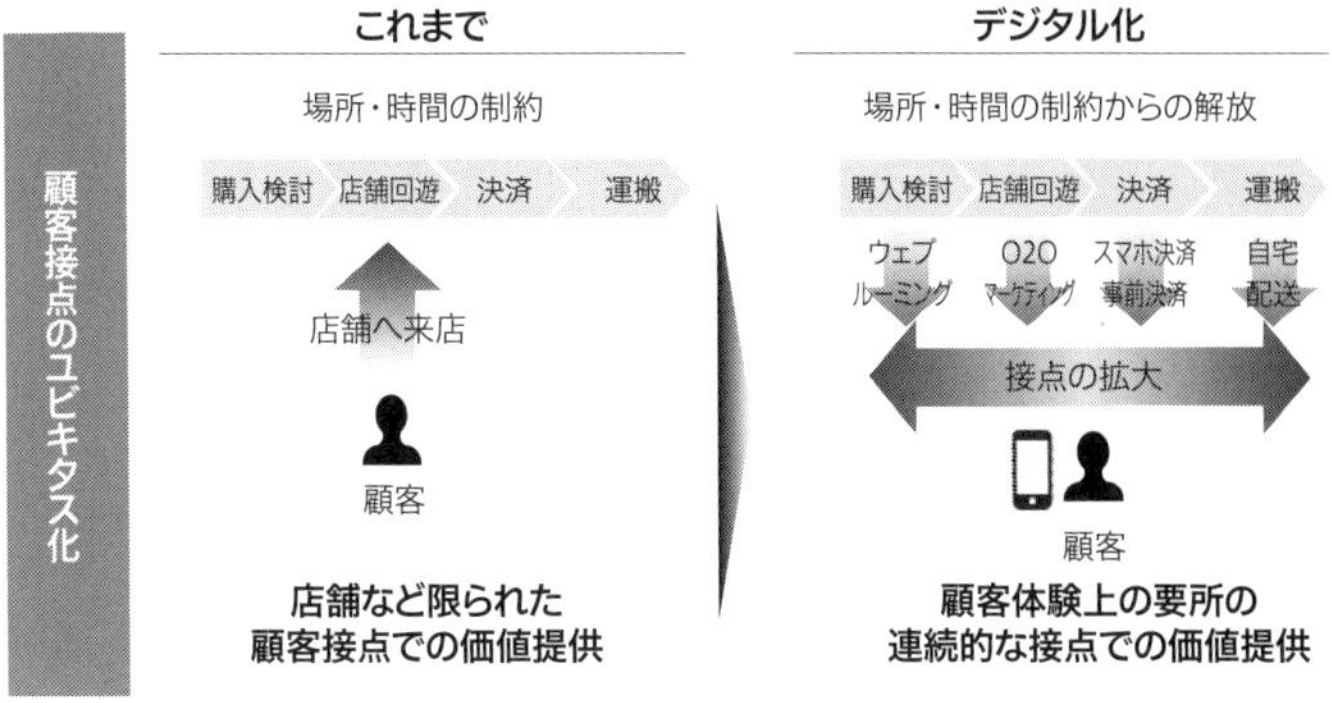

顧客接点のユビキタス化
これまで
場所・時間の制約
購入検討
店舗回遊
決済
運搬
店舗へ来店
顧客
店舗など限られた
顧客接点での価値提供
デジタル化
場所・時間の制約からの解放
購入検討
店舗回遊
決済
運搬
ウェブ
ルーミング
O2O
マーケティング
スマホ決済
事前決済
自宅
配送
接点の拡大
顧客
顧客体験上の要所の
連続的な接点での価値提供

ましょう。

①顧客接点のユビキタス化で、価値提供のチャンスが広がる

(図表2-4参照)

これまでのリアルな世界では、企業が顧客に価値を提供できる接点は、B2C企業なら実店舗、B2B企業なら対面営業の場というように、場所と時間の制約に縛られたものでした。デジタル化はこうした制約を解放し、あらゆるところに顧客接点の可能性を生み出します。顧客との関係が、点から線へ、そして面へと広がるのです。すると、価値の提供方法もおのずと変化します。リアルな場だけで完結する、局所的で散発的な価値提供から、連続的かつ包括的な体験向上へと焦点を移す必要があるのです。

図表2-5｜デジタルの経済原理②　継続的顧客価値向上

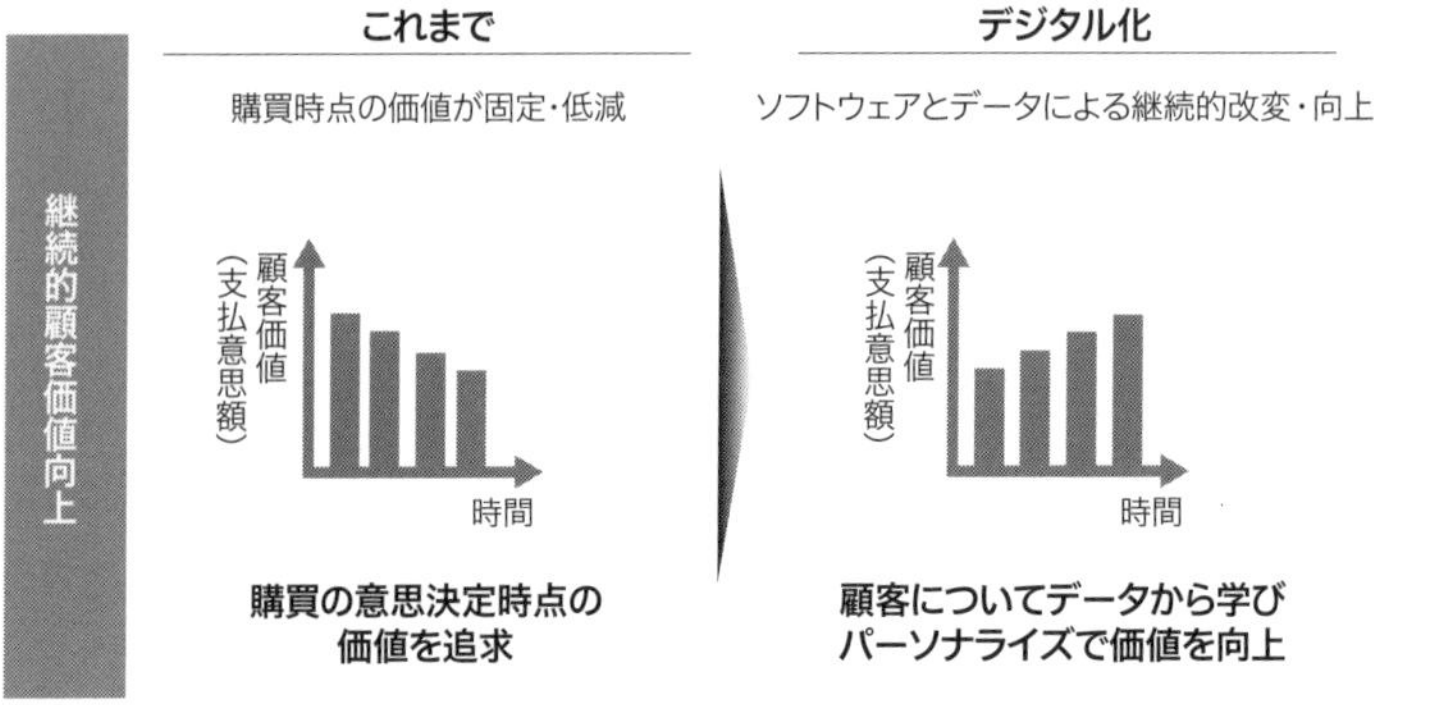
継続的顧客価値向上
これまで
購買時点の価値が固定・低減
顧客価値（支払意思額）
時間
購買の意思決定時点の価値を追求
デジタル化
ソフトウェアとデータによる継続的改変・向上
顧客価値（支払意思額）
時間
顧客についてデータから学びパーソナライズで価値を向上

②継続的顧客価値向上で、価値提供のスパンが広がる（図表2-5参照）

リアルな世界のビジネスでは、一般的に顧客に提供できる価値は、製品やサービスを販売した時点が最大で、その後は低減していきました。そのため、企業は購買の意思決定時点でいかに価値を最大化するかを追求していたといえます。ところが、デジタル環境では、顧客の情報が低コストで豊富に収集でき、その分析も自動化でき、パーソナライズもしやすくなります。そのため、顧客の嗜好を継続的に学習し、その学習を生かして個人に最適なサービスを提供できるようになります。また、その後の好みやニーズの変化にも柔軟な対応が可能です。これを顧客から見れば、企業との関係性が深まれば深まるほど、便利で快適で満足度の高いサービスが利用できるようになるのです。

顧客に提供している財やサービスが、デジタルコンテンツ化できないリアルな「モノ」であっても、ハードウェアにセンサーやソフトウェアを組み込みインテリジェント化することで「サービス」として提供できる範囲はどんどん広がります。

この経済原理を生かすためには、顧客のどのような行動から学び、それを生かしてどのようにパーソナライズを具現化するか、という仕組みづくりの工夫が重要になります。

③顧客間インフルエンス効果で、リスクマネジメントの重要性が増す（図表2-6参照）

これまでのリアルな世界では、多くの人に一斉に情報を伝達しようとすれば、たいへんな労力と時間が必要でした。しかし、あらゆる人がネットワークでつながる環境では、その時間は大幅に短縮されます。つまり、市場における自社の評判も瞬時に拡散されるのです。よい評判が拡散された場合は顧客価値も相乗的に上がりますが、悪い評判が拡散された場合は致命傷になりかねません。

顧客間インフルエンス効果を積極的に活用するために、ソーシャルメディアなどを活用して自社の情報を積極的に流通させる仕組みを整備することは重要ですし、ファンづ

図表2-6｜デジタルの経済原理③　顧客間インフルエンス効果

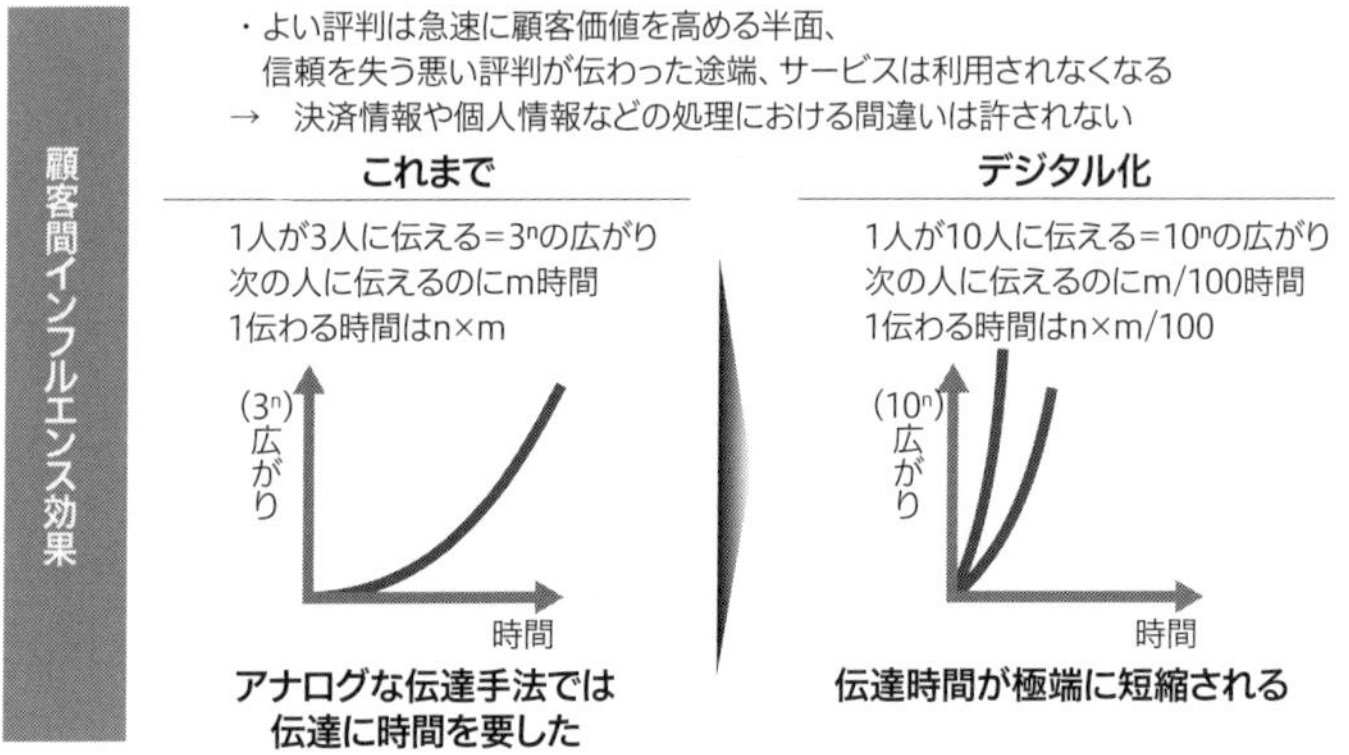
顧客間インフルエンス効果
・よい評判は急速に顧客価値を高める半面、
信頼を失う悪い評判が伝わった途端、サービスは利用されなくなる
→ 決済情報や個人情報などの処理における間違いは許されない
これまで
1人が3人に伝える＝3ⁿの広がり
次の人に伝えるのにm時間
1伝わる時間はn×m
(3ⁿ)
広がり
時間
アナログな伝達手法では
伝達に時間を要した
デジタル化
1人が10人に伝える＝10ⁿの広がり
次の人に伝えるのにm/100時間
1伝わる時間はn×m/100
(10ⁿ)
広がり
時間
伝達時間が極端に短縮される

くりにもつながりますが、ひとたび顧客に迷惑がかかるようなことが起きれば、ネガティブな情報も瞬く間に拡散されることになり、甚大なダメージをこうむりかねないのです。

経済原理④で後述するように、デジタル環境における試行錯誤の容易さは新たな経済原理がもたらすメリットですが、試行錯誤的が許される領域と、絶対にミスが許されない領域は峻別しなければなりません。特に、ミスが発生すれば顧客に損害を与えてしまう「金銭取引」と「個人情報」に関係する部分は、絶対的な高信頼、高品質を死守することが重要です。

図表2-7 | デジタルの経済原理④　マージナルコストゼロ

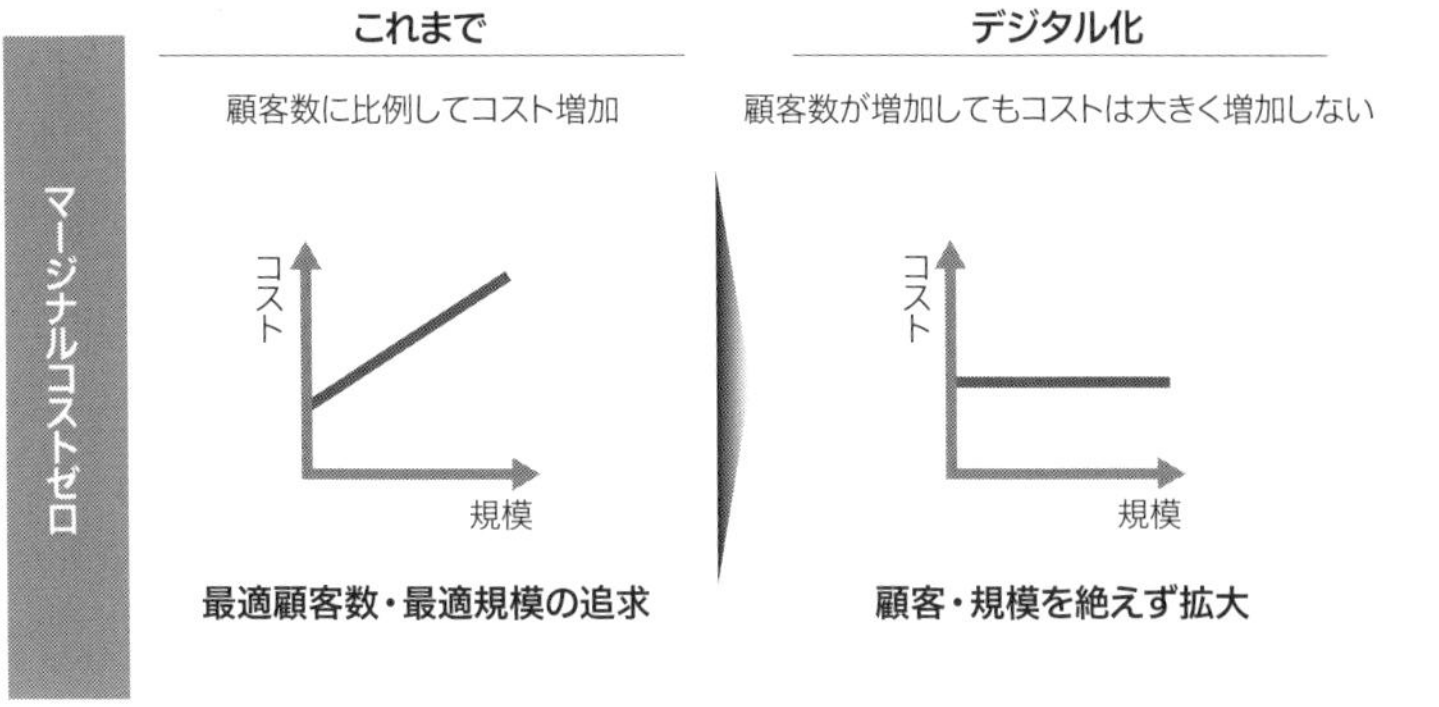
マージナルコストゼロ
これまで
顧客数に比例してコスト増加
コスト
規模
最適顧客数・最適規模の追求
デジタル化
顧客数が増加してもコストは大きく増加しない
コスト
規模
顧客・規模を絶えず拡大

④マージナルコストゼロで、学習や成長の制約がなくなる（図表2－7参照）

これまでのリアルな世界では、財・サービスの生産や供給にかかるコストは顧客数に比例して増加しました。そのため、事業に応じた最適顧客数や最適規模を追求する必要がありました。デジタルデータであるソフトウェアは、複製や配布にかかるコストがリアルなサービスに比べると極めて低く、顧客数の増加やデジタル化領域の拡大に比例してコストが直線的に増えることはありません。むしろ顧客数や規模が拡大すればするほど単位当たりコストが減り、利益率が高まります。この原理は扱っている商品がモノの場合も、そこに組み込まれるソフトウェアの比重が高けれ

図表2-8 | デジタルの経済原理⑤　データの規模の経済

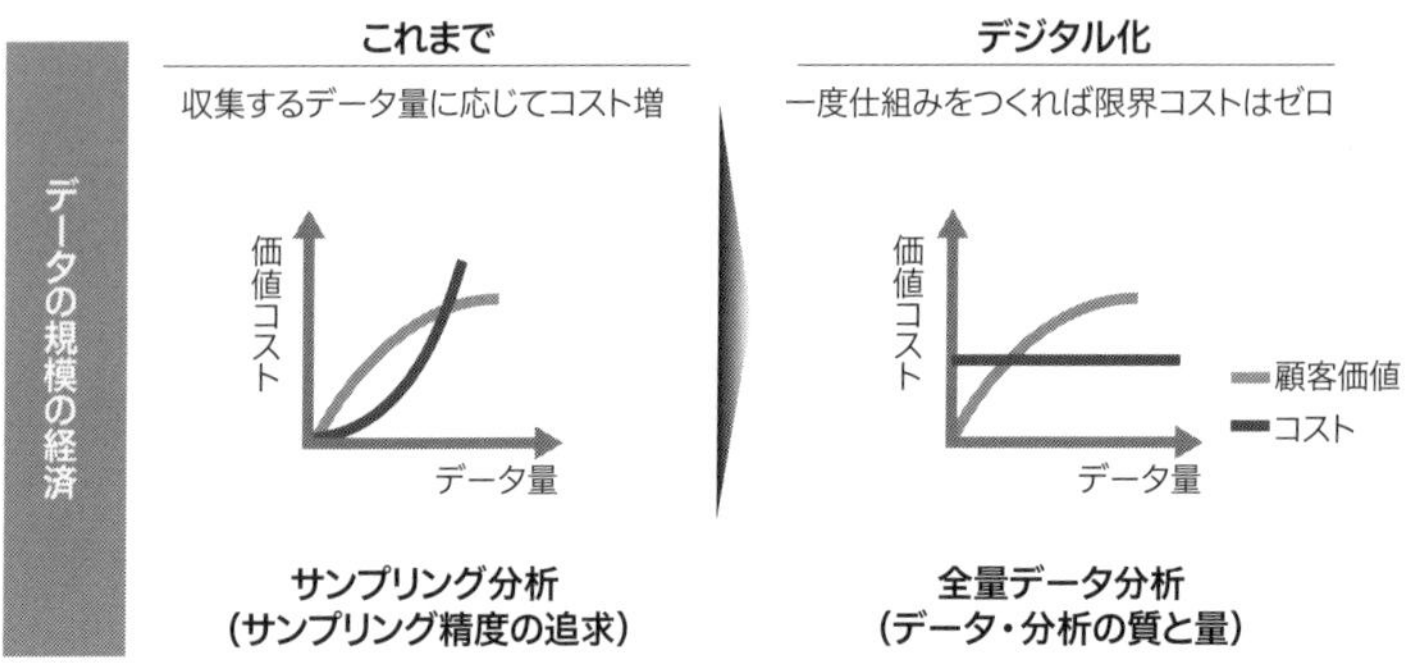

データの規模の経済
これまで
収集するデータ量に応じてコスト増
価値コスト
データ量
サンプリング分析
（サンプリング精度の追求）
デジタル化
一度仕組みをつくれば限界コストはゼロ
価値コスト
データ量
顧客価値
コスト
全量データ分析
（データ・分析の質と量）

ば高いほど強く影響を及ぼします。

また、デジタル上なら、物理的なモノとしてのプロトタイプを実作する必要がなく、条件を変えて実証実験を何度繰り返してもコストはそれほどかかりません。テスト&ラーンがコストをかけずに頻回にできるため、「実験と検証を通じた学習」を事業運営プロセスに容易に組み込むことができます。

⑤データの規模の経済で、顧客価値を追求し続けられる（図表２－８参照）

これまでのリアルな世界では、扱うデータ量に応じて分析コストも増えました。そのため、サンプルデータを用いたサンプリング分析が主流で、分析の質を高めるためにサンプリング精度の追求が重視されました。

図表2-9｜デジタルの経済原理⑥　見える化コストゼロ

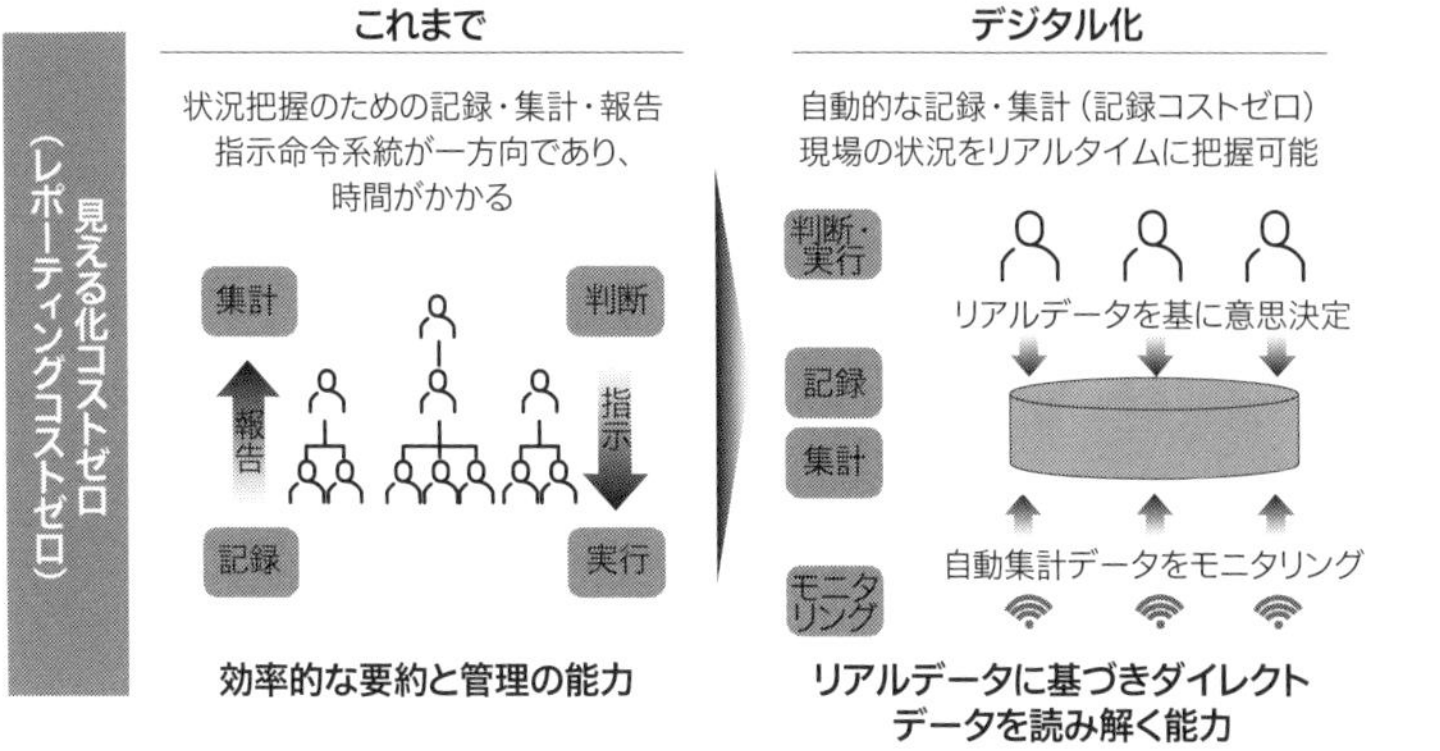
見える化コストゼロ（レポーティングコストゼロ）
これまで
状況把握のための記録・集計・報告
指示命令系統が一方向であり、
時間がかかる
集計
判断
報告
指示
記録
実行
効率的な要約と管理の能力
デジタル化
自動的な記録・集計（記録コストゼロ）
現場の状況をリアルタイムに把握可能
判断・実行
リアルデータを基に意思決定
記録
集計
自動集計データをモニタリング
モニタリング
リアルデータに基づきダイレクト
データを読み解く能力

ところが、デジタルを活用すれば、データの収集・解析の仕組みを一度構築すると、扱うデータ量が増加しても維持コストは大きく上がらないため全量データ分析が可能です。さらに、投入するデータ量は増えれば増えるほど予測精度は向上し、ベネフィットは増大します。デジタルは「規模が拡大するほど単位当たりコストが下がり、ベネフィットが増える」という両面で規模の経済が効くのです。できるだけ有用なデータを多く蓄積し、利用できる体制を整えることが、付加価値向上につながります。

⑥見える化コストゼロで、マネジャーの役割が変わる

（図表２－９参照）

業務プロセスをデジタル化すると、活動

データはすべて自動的に記録されますし、プログラムを組んでおけば集計も自動的に行えます。これまで業務の細かいプロセスを検証しようとすれば、調査するにも、記録するにも、集計するにも人手と時間がかかり、プロセス上のどこに問題や欠陥が潜んでいるかを客観視するのは困難でした。しかし、デジタル化によって、管理や報告にかかるコストやリードタイムが縮減し、状況変化に即応したアクションができるようになるのです。

ただし、システムから得られるデータは即時性がある一方で構造化されていないため、有効なアクションにつなげるためには、デジタルデータの特性を理解して適切に読み解く能力が求められます。

デジタル変革において優位性のあるビジネスモデルや業務プロセスを設計するなら、こうした新たな経済原理に沿うものにしなければ意味がありません。

「足し算のデジタル」でいいというなら、リアルの原理に依存することが大半なので枠組みがそのままでも成果が見込めるでしょう。しかし、「掛け算のデジタル」でしっかり成果を出そうとするのであれば、これらデジタルの経済原理を最大限に生かさなければ成果は期待できません。だからこそ、デジタル時代にふさわしい組織づくりや人財づくり、それらの成果を最大化するマネジメントの実践が重要な課題となるのです。

COLUMN

各インダストリーに広がるデジタルインパクト

デジタル化は、あらゆる産業で均一に進んでいるわけではありません。

ニュースやコンテンツといった、財やサービスがまるごとデジタル化できる業界では、すでにデジタルに特化したプレーヤーが市場を席巻しているのは周知の通りです。また、サービス提供者と利用者のニーズのマッチングが必要な、移動や配送にまつわるサービスや、人材紹介などの各種仲介サービスもデジタルサービスへの移行が進んでいますし、流通や小売では、リアルな「モノ」の販売を維持したまま、顧客サービスをデジタル化することで新たなサービスが創出されています。

これらは、いわばデジタル化の「第1フェーズ」といえる段階で、コンシューマーにスマートフォンが行き渡り、個人レベルでのCCACの実装が進んだことが後押しした変化といえます。

そしていま、進み始めているのが「第2フェーズ」のデジタル化です。現在、財がまるごとデジタル化できない自動車のような業界にも、ソフトウェアの組み込みが一気に進み、サービス化が進んでいます。その他、製薬や素材メーカーなども、設計・生産工程をデジタル変革することで、ビジネスプロセスが大きく変化しつつあります。今後IoTの普及が加速するにつれ、さまざまな業界にこの流れは広がっていくでしょう。

[第1フェーズ] スマートフォンの普及でサービスが一気に拡充
メディア、金融、小売業界の財・サービス、顧客接点、マーケティング、セールス領域を、スマートフォンとビッグデータ、AIが変革。
製造業においては、設計や生産領域を、ビッグデータやAIが変革。

▼

[第2フェーズ] IoTがあらゆる産業を変革
小売業界の顧客接点領域（無人店舗）、ロジスティクス領域（自動倉庫、トレー

図表2-10 | デジタル技術がビジネス（財・サービス、サプライチェーン）を変える

【フェーズ1】すでに進展	①	リアルな財がデジタルにConvertされ、顧客接点・マーケティング・セールスがConnect・Algorithm化
	②	財は大きな変更はないが、顧客接点・マーケティング・セールスがConnect・Algorithm化され、一部パーソナライズされた財・サービスが設計・生産される
	④	設計・生産等がConvert（センサー）とAlgorithm化で変化
【フェーズ2】現在進み始めている	②	さらに今後、Convert（センサー）により顧客接点が高度化
	③	リアルな財にConvert（センサー）・Algorithmが組み込まれ、他のモノとConnectされ、ビジネスモデルが売り切り型からサービス提供型モデルに変化

カテゴリー	業界例	財・サービス	サプライチェーン						
			顧客接点	マーケティング	セールス	ロジスティクス	設計	生産	調達
①	メディア	●	●■	●	●■	–	–	–	–
①	金融	●	●■	●	●■	–	–	–	–
②	小売	–	●■	●	●	■	–	–	●
②	食品	▨	●■	●	●	■	◎	◎	◎
③	家電	■	■	■	■	■	●■	●■	●■
③	機械製造	■	■	–	–	■	●■	●■	●■
③	自動車	■	■	■	■	■	●■	●■	●■
④	化学	–	–	–	–	▨	●■	◎■	◎■

フェーズ1　●：影響あり　◎：一部影響あり　–：対象外
フェーズ2　■：影響あり　▨：一部影響あり

サビリティ）をＩｏＴが変革。

食品業界などの消費財の設計、生産領域をビッグデータやＡＩがパーソナライズ。

製造業の財・サービスにセンサーやソフトウェアが組み込まれ、顧客接点、マーケティング、セールス、ロジスティクス、設計、生産、調達領域までを、ＩｏＴ（Convert）とデータ分析（Algorithm）が変革。

第3章

顧客価値リ・インベンションン戦略を実践するデジタル変革プロジェクト

アジャイルビジネス組織にふさわしいマネジメント

大企業が「掛け算のデジタル」を活用してイノベーションを創出するには、第1章で述べたように、デジタルの経済原理を生かす独立型の新組織「アジャイルビジネス組織」を立ち上げるのが有効です。しかし、せっかく独立した組織を立ち上げても、既存事業のマネジメントをそのまま適用してしまえば、そこから得られる成果はかなり限定されたものになってしまいます。

私も経営者として実際に経験してきたことですが、アジャイルビジネス組織はどうしても小さく始めなくてはなりませんし、成果を得るには一定の時間がかかります。先が見えない立ち上げ期に既存事業が忙しくなれば、つい新組織の人財や予算などのリソースを既存組織に振り向けたくなるのが人情です。しかし、それをひとたび許してしまえば、新組織の成長のチャンスまで摘んでしまうことになります。既存ビジネスとの特性の違いを踏まえて両者をきちんと切り離し、独立したマネジメントを行うことが大切なのです。とはいえ、人財や組織を完全に独立させて既存組織との接点をなくしてしまうとシナジーが生まれる余地がまったくなくなります。独立させるところは独立させつつ、必要な部分では連携するバランスが求められるのです。

本章では、従来型ビジネスとデジタルビジネスの違いを明らかにしたうえで、大企業が既存組織とアジャイルビジネス組織を社内に併存させながら、バランスよくマネジメントするための戦略を考察したいと思います。

その第一歩として、第2章で論じた「デジタルの経済原理」とひもづけながら、アジャイルビジネス組織にどんなマネジメントが求められるかを、以下のように整理しました。

●顧客にフォーカスする

「顧客接点のユビキタス化」というデジタルの経済原理は、企業と顧客の関係性を大きく変えています。店舗のようなリアルな接点がなくても、スマートフォンなどのデバイスを通して、自宅でも、外出中でも、いつでもどこでも顧客とつながることのできる状態が生まれているのです。

すると、顧客のライフ全体を対象にしてサービスを企画し、顧客のライフ全体の活動からデータを取得して分析し、顧客にとっても最も望ましいタイミングでサービスを提供する方法を考えなくてはなりません。

これまでは、よい製品を安く生産し、大量に販売することが事業成功のポイントでしたが、ターゲットとする顧客の課題をトータルに解決し、支援できるサービスを提供できるかどうかが極めて重要になっているのです。つまり企業には、製品・サービスにフォーカスしたマネジメントから、顧客にフォーカスしたマネジメントへの変革が求められているといえます。

●データに基づく打ち手・改善

デジタル環境では、顧客の情報を低コストで豊富に収集できるうえ、分析も自動化できます。すると顧客の嗜好が継続的に学習でき、それぞれに最適なサービスを提供できるようになります。継続的に顧客価値を向上させることができるのです。これをスムーズに実践するためには、現場で発生している事実を客観的なデータで把握できる、というデジタルのメリットを、マネジメントにおいても最大限に生かさなければなりません。

これまでは「過去の経験や勘」がビジネスにおける意思決定の重要な要素でした。しかし、デジタル化によって「現在の客観的なデータ」があらゆる接点が得られるようになったいま、過去の先入観にとらわれることなく、最善の打ち手や改善策を決定していくことこそが、事業成功のポイントといえるのです。

●試行錯誤を許す

リアルな新商品や新サービスを企画・開発しようとすれば、手間とコストのかかるプロトタイプづくりやマーケットリサーチが必須でした。しかし、こうしたプロセスが顧客満足を保証するとは限りませんし、いったん商品やサービスを市場に出してしまえば、事後に仕様を変更するのは至難の業でした。

一方、デジタルサービスは実証実験を何度繰り返してもコストはそれほどかからないので、サービスをよりよくするために気が済むまでテスト＆ラーンを繰り返せますし、機能や利便性が100点満点とはいえない段階でも、いったん市場に出してみて顧客の反応を見ることもできます。顧客の声から即座に学び、すぐに改善してよりよいサービスにしていけばよいのです。こうしたデジタルの特性を生かすためには、事前の綿密な計画に沿った確実なプロジェクト遂行を求めるマネジメントではなく、一定のリスクを許容しながら、自由に試行錯誤できるマネジメントがふさわしいといえます。

ただし、デジタル上ではあらゆる人がネットワークでつながっており、市場の評判が瞬時に拡散される「顧客間インフルエンス効果」が働くことは忘れてはいけません。金銭や個人情報が関係する部分は絶対に失敗が許されないので、試行錯誤を許容する部分と、高品質・高信頼を死守する部分は厳密に切り分ける必要があります。

●事業の進捗を評価するＫＰＩ

デジタルサービスは、ソフトウェア開発の初期投資はかかりますが、それを利用する顧客数が増えても、複製や配布のための追加費用はほとんどかかりません。一方で、利用データを分析し、予測精度を向上させるためには、それなりの規模のデータを確保しなければならず、市場に投入してから初期投資を回収して利益というリターンを生むまでに一定の時間がかかります。損益分岐点を超える規模に達して初めて、規模に応じた利益を手にすることができるようになるのです。逆にいえば、それまではほぼ利益が出ない状態を耐えなくてはなりません。

しかし、ただ耐えればいいというものでもありません。事業が目指す方向にきちんと進んでいない場合は軌道修正も必要だからです。つまり、利益が生まれるまでの段階で適切に事業を評価できる指標が必要不可欠なのです。そのためには、これまで最も重視されてきた利益という指標以外に、事業の進捗を把握可能なＫＰＩを設定し、運用していくマネジメントが求められます。

●自律を重視したフラットな組織

業務プロセスをデジタル化すると、活動データの記録や集計が自動化され、事業活動の管理やレポーティングにコストもリードタイムもかからなくなります。顧客の活動データもデジタル上で自動的に蓄積されるので、それらの因果関係も見えやすくなり、サービス改善もスピーディーに実現できるようになります。

すると、これまでのように従業員が日報や月報のようなかたちで個々の動きを記録したり、現場の責任者がそれらをまとめて考察や評価の材料としてマネジャーにレポートする必要もなくなります。マネジャーは、現場で何が起きているかを必要に応じてデータから直接読み取ることができるようになるため、いわゆる階層型のマネジメントが不要になるのです。

既存組織においては、計画の確実な遂行を担保する階層型組織、階層型マネジメントがスタンダードでしたが、アジャイルビジネス組織においては、顧客に価値をスピーディーに提供していくことを重視した、顧客価値ドリブンのフラットな組織・マネジメントが求められるようになるのです。

以上を総合すると、アジャイルビジネス組織のパフォーマンスを最大化するためには「顧客にフォーカスしたフラットな組織マネジメント」が求められるといえます。こうした新たなマネジメントが、既存事業のマネジメントとどう異なるかをまとめたのが図表3-1です。

既存事業では提供する製品やサービスの内容が明確で、それらを計画に沿って生産、提供する仕組みとして、階層型、統括型の組織が築かれます。複雑に利害関係がからみ合う大規模プロジェクト、製品を多数の顧客に着実にデリバリーすることが求められるビジネス運営に向いた仕組みといえます。一方、デジタルビジネスでは、顧客の真の課題解決を起点として、試行錯誤しながら製品やサービスを企画し、絶えず改善し、価値を高めながらスピーディーに提供するために、デジタルの経済原理を生かせるフラットな組織にしたほうが機動力を生かせます。

このように、極めて対照的といえるこの2つの仕組みが、変革期においてはひとつの社内に共存することになるのです。

図表3-1｜マネジメントの相違点

	既存組織	アジャイルビジネス組織
組織マネジメント	**製品・サービス**にフォーカス	**顧客**にフォーカス
	現場経験に基づく打ち手・改善	**データ**に基づく打ち手・改善
	現場スキル・暗黙知の 形式知化・マニュアル化	**専門家チーム**（データとデザインなど）
	計画を重視　計画時にリスクを低減	**試行錯誤を許す**（リスクを許容）
	利益を重視したマネジメント	事業成功・進捗を評価する **KPIマネジメント**
	指示・命令・報告型マネジメント	**自律を促すフラット組織**マネジメント
組織体制	効率運営と実行力を担保する**階層型**組織	顧客に対して直接価値提供できる **スピード重視**
	専門分化・役割分担した**機能別**組織	**フラット**な組織、さまざまな機能を同居させた**顧客価値ドリブン**の組織

3つのフェーズで、独立と連携のバランスを取る

まったく特性の異なる既存組織とアジャイルビジネス組織を両立させるためには、独立と連携のバランスを取ることが重要だといいました。そのバランスは、アジャイルビジネス組織の活動のフェーズによって変わってきます。

デジタル変革プロジェクトに限らず、あらゆるビジネスプロジェクトには、①企画、②開発、③運用の3つのフェーズがあります。このうち、製品やサービス、その実現のために必要なシステムを実際にかたちにしていく②開発のフェーズは、最も集中的にリソースをかけなければならない部分といえるでしょう。それを推進する組織の特性に合わせて、パフォーマンスを最大化するための独自のマネジメントが強く求められるのです。アジャイルビジネス組織でいえば、これまで述べてきたようにまったく特性の異なる既存組織からの影響をできるだけ受けないように独立を守り、各メンバーが自律的に試行錯誤しながら価値向上のサイクルを回し続けられる環境にしておくことが大事です。

しかし、開発の手前にある①企画のフェーズでは、そもそも新しい製品やサービスが

「何を目的として、誰に、どんな価値を届けるか」を明確にしなければなりません。そのためには、既存組織とアジャイルビジネス組織が連携し、全社のミッションやビジョンに合致したコンセプトを合意し、共有することが大事です。このとき、大きな役割を果たすのが「顧客価値リ・インベンション戦略」です。戦略のメソッドに沿って既存の自社のビジネスを解剖し、顧客に評価されているポイントを正しく捉え、顧客起点でより価値を向上できる方向性を見極めることが、「自社固有の強み」に立脚した新たなサービスやビジネスを生み出す土台になるのです。デジタル変革プロジェクトとして、顧客は誰で、どんなサービスを提供すべきかを正しく選定することが重要なのです。

また、製品やサービスを実際に社会に広げていく③運用のフェーズでも、既存組織が有する顧客基盤や、サプライチェーン上のリアルなリソース（販売や物流の拠点や、それを支える人財など）を活用することで優位性を築くことができます。どれだけ知名度のある大企業でも、既存事業と関係がなく、自社の強みを生かせない事業でいきなり新市場に切り込んで競争優位を築くのは困難です。既存と新規、それぞれのリソースをバランスよく相互活用できる体制を築くことが経営者の果たすべき大きな役割といえるでしょう。

経営者は、アジャイルビジネス組織を立ち上げるときは「全社変革のスタートライン」ときちんと位置づけて推進することを表明し、十分なリソースを配分することが重要です。そしてリーダーにはエース級の人財をアサインし、既存事業との連携を可能にする下地とするのです。

①企画のフェーズ――人と組織は分離し、ビジョンで連携する

企画フェーズで重要なのは、アジャイルビジネス組織が既存の強みを新サービスのなかにどう埋め込むかです。その連携をブリッジするのが、全社に共通するビジョンと戦略です。アジャイルビジネス組織で手がけるプロジェクトの意義を、経営戦略の基本である「誰に、何を、どのように提供するか」まで立ち返って明確にし、デジタルの経済原理に基づいて顧客価値をリ・インベンション（再発明／再創造）するプロセスをここできちんと踏むことが重要です。戦略実践の詳しい方法については次項で詳述します。

②開発のフェーズ――マネジメントを分離し、連携のインターフェースを設ける

アジャイルビジネス組織がスピードと柔軟性を最も発揮すべきフェーズがここです。既存事業の発想でマネジメントに干渉せず、独立と自律を守ることが重要です。ただし、企画において既存事業のリソースを活用することを前提にしている以上、既存のシ

ステムや既存組織との連携が必要な部分は出てきます。そのための両組織間のインターフェースと、進捗確認のためのマイルストーンをきちんと設定しておくことが大切です。

③運用のフェーズ――既存資産を活用してシームレスに拡大する

製品やサービスをリリースし、実際に顧客に提供していく運用のフェーズでは、オペレーション部分で既存組織との連携が求められます。既存組織で構築した顧客基盤、店舗や物流などの資源も活用していかなければ、強みを生かして広く社会に広げられないからです。顧客にとって重要なのは、その製品やサービスからどんな価値を受け取れるかであって、サービスの開発主体が既存組織であるか新規組織であるかなど関係ありません。顧客に分断を意識させず、会社としてシームレスに価値を提供できる体制を整えなければなりません。

3つのフェーズのどこであれ、プロジェクトを正しい方向に導くためには「顧客価値のリ・インベンションを成功させるためにどうすればいいか」という観点を持ち続けることが重要です。顧客価値のリ・インベンションは1回限りのものではなく、絶えず見直していくダイナミックな営みであり、企業が成長し、発展していこうとする限り、終わらないサイクルであることを忘れてはいけません。

顧客に支持される価値ある新製品や新サービスと、その提供を可能にするサプライチェーンは、アジャイルビジネス組織だけが単独で開発できるものではありません。というより、上記のような連携がまるでないまま単独で開発してしまうと、既存事業とのシナジーのない、すなわち大企業ならではの強みを欠いたビジネスになってしまうのです。デジタルを活用した新たなビジネスに既存の強みを掛け合わせ、既存の資産やオペレーションから新たな価値を再創出できて初めて、他社が真似のできない顧客価値が提供できるのです。

たとえば、次々に革新的なデジタルサービスをリリースして注目されるアメリカの小売業の雄、ウォルマートには、「ネットで購入した食品を、自宅の冷蔵庫まで配達する」というサービスがあります。これも、受注を担うアプリやプラットフォームの構築はデジタル部隊が手がけていますが、実際に商品を顧客の元まで運ぶというオペレーションは、これまで小売業として培ってきた店舗網や物流網におけるノウハウがあるから実現するのです。既存事業における独自の基盤を活用することなく、強みのあるオリジナルなサービスは生まれません。もちろん、スマホアプリだけで完結するようなサービスならデジタル部門だけで独立運用が可能ですが、そのぶん競合するデジタル企業の脅威にさらされやすくなります。新組織だけで完結できるサービスは、抜本的な顧客価値リ・インベンションにはつながりにくいのです。

開発のフェーズにおいては、実際に当社では、新組織でアジャイル開発をする際に新旧組織が連携するインターフェースを明確にしないままプロジェクトを進めて大変苦労したことがありました。

これは、ウォーターフォールで進めなければいけない領域をアジャイルで進めたことが原因です。当社が手がける企業向けの大規模システム開発ではいまもウォーターフォールで設計・開発しますし、お客さまの既存事業の現場も、階層型組織による計画遵守のマネジメントをされています。システムの堅牢性やビジネスの安定性を守るうえでは、従来の方法に一日の長があるのです。しかし、アジャイル開発やフラット組織がもてはやされるようになると、ウォーターフォール開発に関わる社員にも「自分たちのやり方は時代遅れなのではないか」という引け目がうっすら生まれます。そして、これまで正しいと信じてきたことを「正しい」といいにくい空気が生まれてしまい、適切な役割分担を妨げてしまうのです。やや逆説的ではありますが、改革のメリットを最大化するためにこそ、既存の方法のよさもきちんと認め、守るべきところを守ることが重要になるのです。

アジャイル的な手法は今後のビジネスの主流になっていくことは間違いありません。しかし、ビジネス企画の目的は「新しい手法を使う」ことではなく「価値あるサービスを顧客に届ける」ことです。この原点に立ち戻れば、満足度の高い顧客体験をアジャイルに提供する顧客接点（フロントエンド）と、それを支える堅牢で安定性の高いバックエンドがそれぞれ独立を守りつつ、最適な連携を取りながら価値を生み出せる体制を築くことが重要であることがわかります。

「顧客価値リ・インベンション戦略」の5つのステップ

顧客価値リ・インベンション戦略の核心は、まだ満たされていない「顧客の真の課題（顧客が本当に望んでいること、達成すべきジョブ）」を洗い出し、それを起点に自社が提供できる価値を再定義することです。そして、課題解決のために顧客から学び続け、顧客の手元に残されているアクティビティ（活動、作業）を、できるだけ自社で引き受ける努力をしていくのです。その中身については前著『信頼とデジタル』に詳述しましたが、ここでは、アジャイルビジネス組織が実践すべき内容としてこの戦略を再構成し

図表3-2 ｜ リ・インベンションのメソッド――各ステップにおける取り組み観点

STEP1. 現状ビジネス解剖と顧客理解	・自社の既存ビジネスにおいて、顧客への提供価値と競合への優位性を認識する ・顧客行動の目的と全体像を捉え、顧客の真の課題を把握する
STEP2. 市場の未来を洞察（フォーサイトとバックキャスト）	・ニーズの変化、規制の変更、デジタル技術がもたらす市場の変化を考える ・未来から逆算し、いまなすべきことを考える
STEP3. 顧客提供価値の再定義（財・サービスのデジタル化）	・顧客の真の課題の解決のため、自社が提供する新しい価値を再定義する ・未来への洞察を踏まえ、事業立地の見直し・デジタルプロジェクトのスコープ検討を行う
STEP4. 価値提供の仕組みの整備	・新しい価値を提供するための機能やビジネスプロセスを設計・構築する ・既存の強みやリアルを中心とした既存の資産も活用する
STEP5. 収益モデル・サプライチェーンの構築	・デジタルビジネスの最適な収益モデルを検討する ・提供価値を継続的に向上させるため、データ活用やビジネススキーム（パートナリング等）の構築などを実践する

「5つのステップ」として具体的に紹介します。

STEP1 現状ビジネスを解剖し、顧客を理解する

最初にすべきことは、自社の既存ビジネスの把握です。自社のビジネスを把握していない経営者などいないという声が聞こえてきそうですが、市場の未来図に自社ビジネスの将来像を重ねて読み解くためには、デジタル改革に先駆けて、改めて整理しておくことが重要なのです。確認するポイントは、①現在のビジネスの顧客は誰か、②その顧客のどんな課題解決を支援しているか、③そのための仕組みとコスト構造はどうなっているか、④顧客は競合と比較して自社のどこを評価しているか、の4点です。

顧客に提供している価値と、競合に対する優位性を高解像度で認識することは、自社の強みをデジタルビジネスでどう強化するかを考えるための肝です。また、顧客が自社のどこを評価してくれているかを把握することは、その先に「いま関与できていない真の課題は何か」を掘り下げるうえで重要です。既存のビジネスですでに提供できている価値を起点にしつつ、現状の顧客接点の前後で顧客自身が担っているアクティビティにまで視野を広げてみるのです。

たとえば食品スーパーのような小売業なら、自社の強みとして以下のような点が出て

くるかもしれません。

・商品の調達力や店舗網
・店舗に商品を確実に届けるサプライチェーンや物流網
・店頭での鮮度管理、魅力的な陳列
・顧客満足度を満たす価格調整、優れた店舗オペレーション
・店舗での販売対応を通じて培ってきた顧客基盤

そして、現状において顧客が評価しているのは「望む商品を望む価格で購入できること」になるでしょう。これを起点に、現在の顧客接点である店舗の前後での顧客の行動を考えます。すると、「献立を考える」「購入した商品を持ち帰って保存する」「調理する」といったアクティビティがあることがわかります。さらにその目的を考えれば「家族で食事を楽しむこと」が顧客の真の課題である、という理解に至ります。この課題に対して、自社の強みとデジタルテクノロジーを掛け合わせて何が提供できるかを考えることが改革のスタートラインになるのです。

ＳＴＥＰ２　デジタル技術がもたらす市場の未来を洞察する

デジタル技術の進展は、ビジネス環境に大きな変化をもたらしました。スマートフォンの普及やＥＣの一般化で、Ｂ２Ｃ企業はラストワンマイルの物流や在庫管理の最適化など、サプライチェーン全般の変革を迫られています。実店舗においても位置情報を活用したＯ２Ｏマーケティングや、ＡＩを活用したパーソナルマーケティングなど多様な集客施策が必要になっています。

Ｂ２Ｂ企業においても、ただＱＣＤ（Quality・Cost・Delivery）を守っているだけでは他社との差別化が困難になっています。デジタル変革を成功させるには、デジタル技術を取り込むだけでなく、それが顧客への提供価値や、サプライチェーンをどう変革するかを予測し、洞察する視点が重要になるのです。

「足し算のデジタル」なら、ＰｏＣによる技術検証で十分というケースも多いのですが、「掛け算のデジタル」が目指すのは市場の半歩先を見据えた戦略の実践ですからなおさらです。

図表３－３、図表３－４では、例として小売業、生産設備メーカーに、デジタル技術の導入でどんな変化がもたらされるかを示しました。Ｂ２Ｃの小売業なら、デジタル技

図表3-3 | 小売業

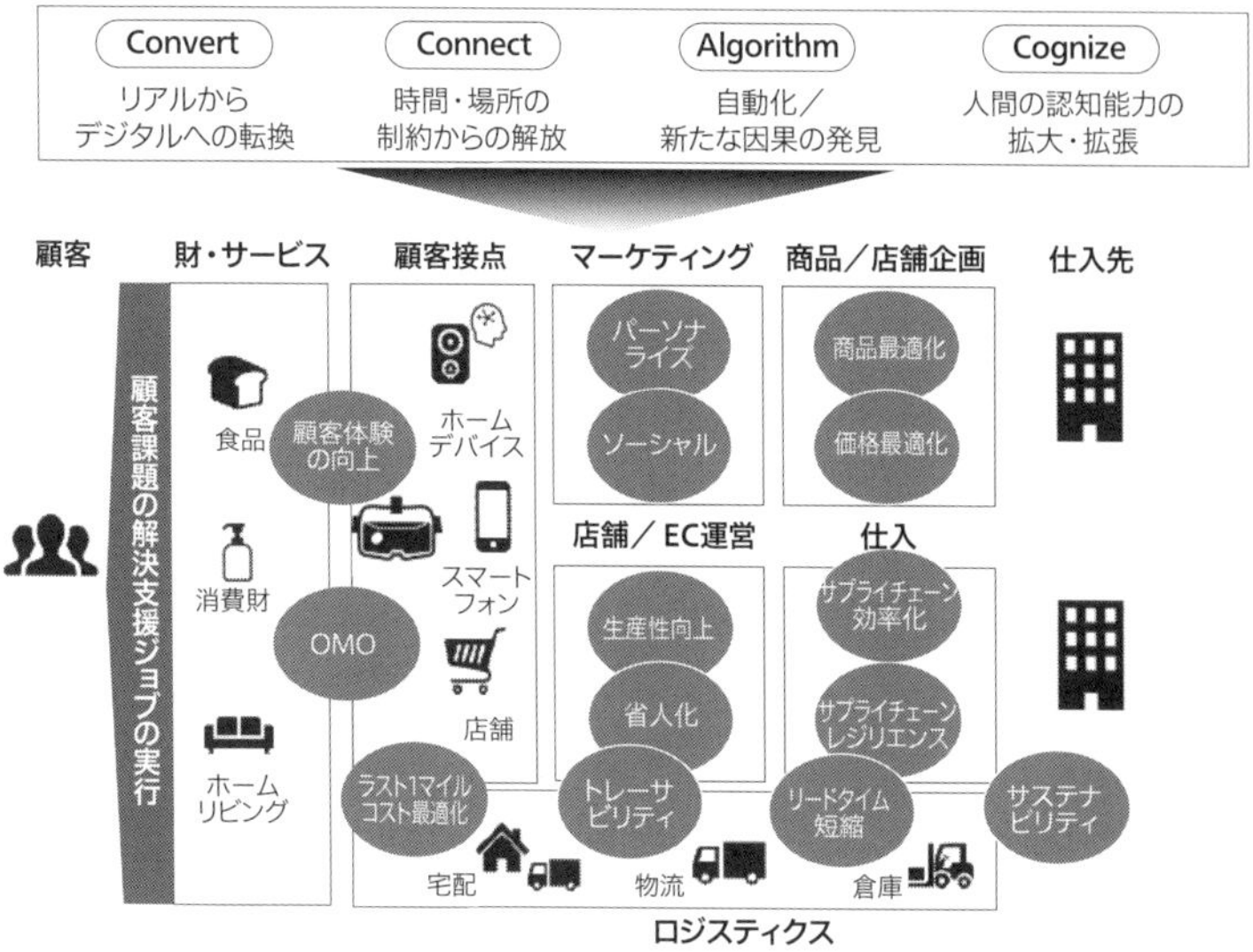
Convert
リアルから
デジタルへの転換
Connect
時間・場所の
制約からの解放
Algorithm
自動化／
新たな因果の発見
Cognize
人間の認知能力の
拡大・拡張
顧客
財・サービス
顧客接点
マーケティング
商品／店舗企画
仕入先
顧客課題の解決支援ジョブの実行
食品
消費財
ホーム
リビング
顧客体験
の向上
OMO
ホーム
デバイス
スマート
フォン
店舗
パーソナ
ライズ
ソーシャル
商品最適化
価格最適化
店舗／EC運営
仕入
生産性向上
省人化
サプライチェーン
効率化
サプライチェーン
レジリエンス
ラスト1マイル
コスト最適化
トレーサ
ビリティ
リードタイム
短縮
サステナ
ビリティ
宅配
物流
倉庫
ロジスティクス

図表3-4｜生産設備メーカー

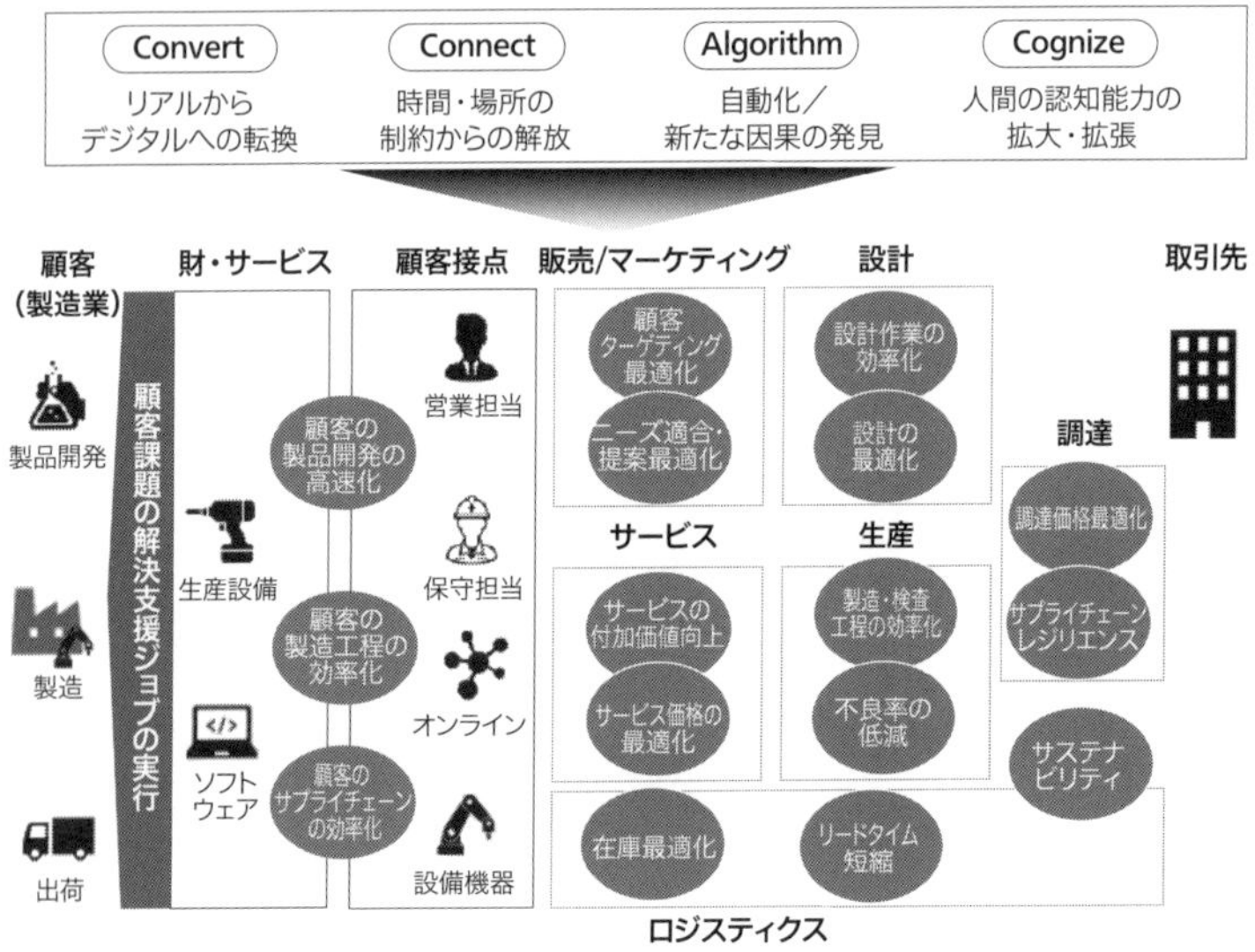
Convert
リアルから
デジタルへの転換
Connect
時間・場所の
制約からの解放
Algorithm
自動化／
新たな因果の発見
Cognize
人間の認知能力の
拡大・拡張
顧客
（製造業）
製品開発
製造
出荷
顧客課題の解決支援ジョブの実行
財・サービス
生産設備
ソフト
ウェア
顧客の
製品開発の
高速化
顧客の
製造工程の
効率化
顧客の
サプライチェーン
の効率化
顧客接点
営業担当
保守担当
オンライン
設備機器
販売/マーケティング
顧客
ターゲティング
最適化
ニーズ適合・
提案最適化
設計
設計作業の
効率化
設計の
最適化
サービス
サービスの
付加価値向上
サービス価格の
最適化
生産
製造・検査
工程の効率化
不良率の
低減
取引先
調達
調達価格最適化
サプライチェーン
レジリエンス
サステナ
ビリティ
在庫最適化
リードタイム
短縮
ロジスティクス

術で消費者の購買行動が大きく変わることで、バックエンドにさまざまな業務変革の機会が生まれます。B2Bの生産設備メーカーなら、製品として顧客に納入している設備が常にネットワークにつながるようになり、製品そのものが新たな顧客接点として機能するようになります。

もちろん未来の洞察のためには、コロナ禍におけるライフスタイルの変化や〈SDGsやESG〉の注目の高まりといった社会変化の洞察も重要です。それらに［STEP1］で掘り下げた自社ビジネスを重ね、顧客や競合の未来の姿を具体的に思い描くのです。将来の変化を洞察（Foresight）し、その変化から逆算していまなすべきことを考える（Backcast）視点が求められるのです。

STEP3　顧客提供価値を再定義し、製品やサービスをデジタル化する

［STEP1］で掘り下げた顧客の真の課題解決の支援に向けて、新しい製品や新しいサービスを検討します。その際、［STEP2］の市場変化の未来像を踏まえ、どのターゲット顧客にどんな価値を提供するのか、すなわち自社の拠って立つ事業立地そのものも見直しながら、デジタル変革プロジェクトのスコープを明確に定めます。後述するように、既存の顧客の真の課題解決を支援するために、デジタルを活用してより広い

図表3-5 ｜ リ・インベンションのメソッド（小売業でのケース）

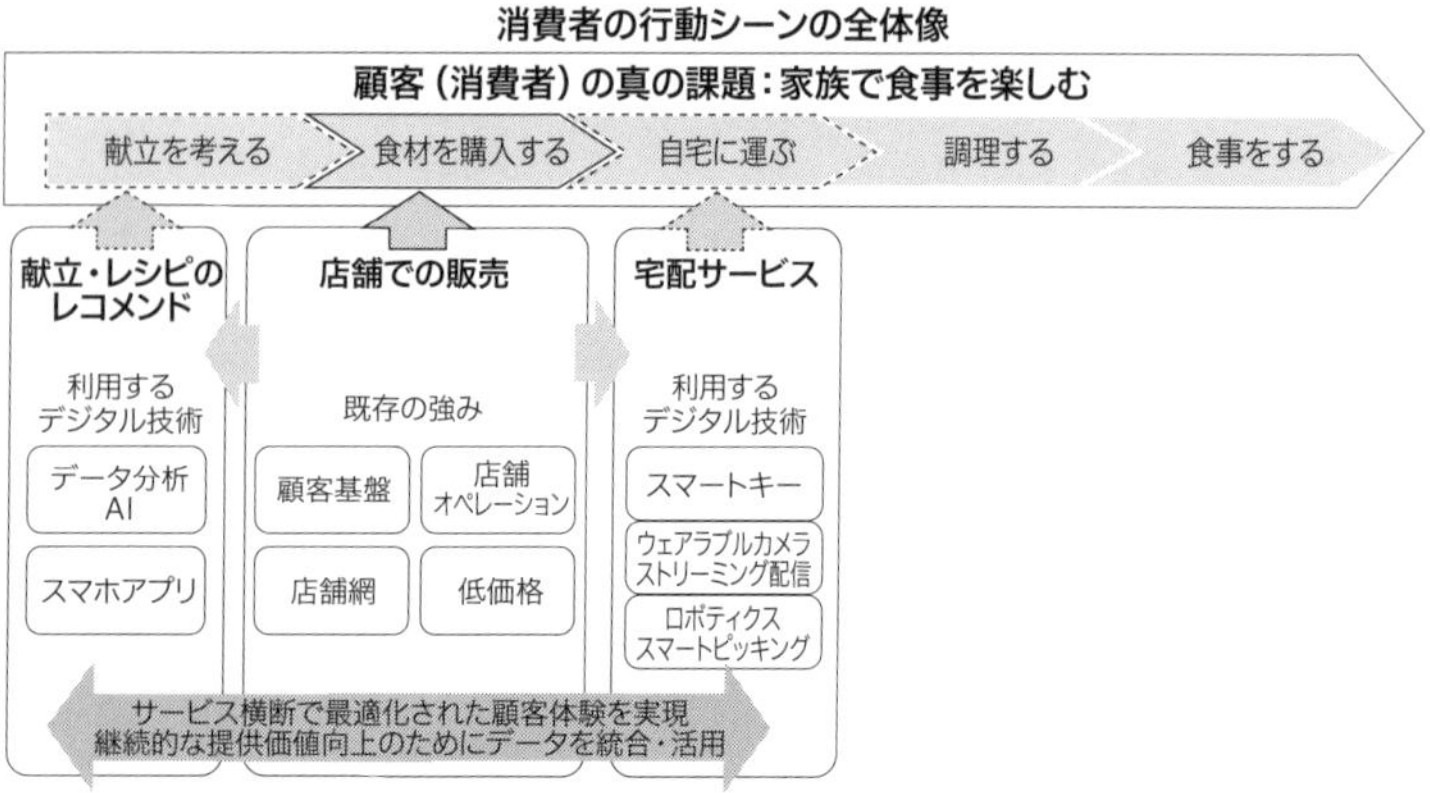

消費者の行動シーンの全体像
顧客（消費者）の真の課題：家族で食事を楽しむ
献立を考える
食材を購入する
自宅に運ぶ
調理する
食事をする
献立・レシピのレコメンド
利用するデジタル技術
データ分析
AI
スマホアプリ
店舗での販売
既存の強み
顧客基盤
店舗オペレーション
店舗網
低価格
宅配サービス
利用するデジタル技術
スマートキー
ウェアラブルカメラ
ストリーミング配信
ロボティクス
スマートピッキング
サービス横断で最適化された顧客体験を実現
継続的な提供価値向上のためにデータを統合・活用

範囲で価値提供していくという方向性も考えられますし、既存の強みとデジタルを掛け合わせて新たな顧客を開拓していくという方向性も考えられるでしょう。選定のポイントは、デジタル化による提供価値変革の余地がより大きく、またそこでの学びが他の顧客や他の領域へも応用できる方向性かどうかです。

そして、できるだけ新しい価値を、最新のデジタル技術の力で実現できる方法を検討します。アプリのようにオンライン上で完結できる場合もあれば、リアルなモノやサービスを組み合わせなければならないケースもあると思いますが、いずれにせよ「原則すべてをデジタル化する（Digital by Default)」という視点で設計すること

図表3-6 | リ・インベンションのメソッド（機器製造メーカーでのケース）

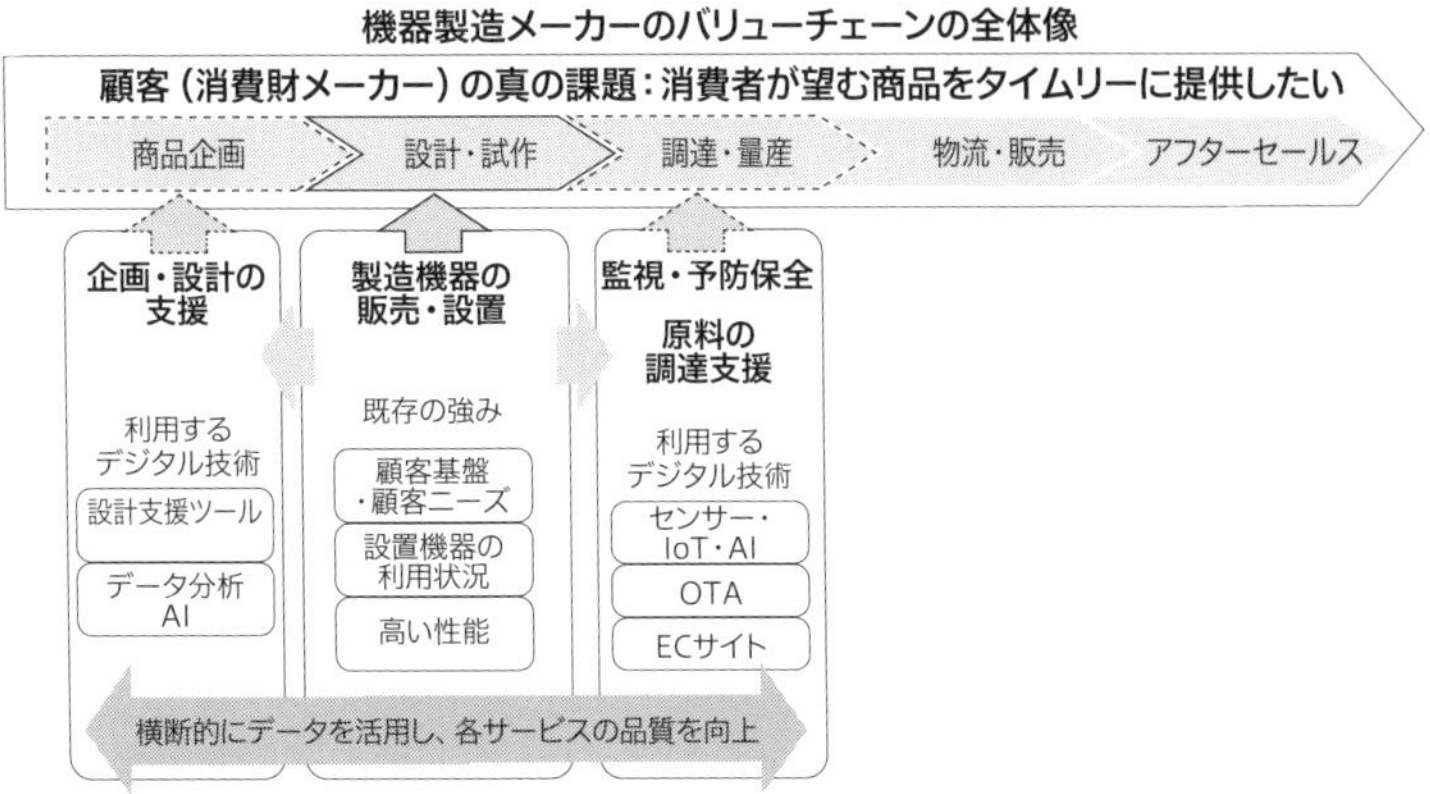
機器製造メーカーのバリューチェーンの全体像
顧客（消費財メーカー）の真の課題：消費者が望む商品をタイムリーに提供したい
商品企画
設計・試作
調達・量産
物流・販売
アフターセールス
企画・設計の支援
利用するデジタル技術
設計支援ツール
データ分析 AI
製造機器の販売・設置
既存の強み
顧客基盤・顧客ニーズ
設置機器の利用状況
高い性能
監視・予防保全
原料の調達支援
利用するデジタル技術
センサー・IoT・AI
OTA
ECサイト
横断的にデータを活用し、各サービスの品質を向上

が重要です。製品やサービスそのものがまるごとデジタル化できれば、顧客は物理的な制約に縛られることなく価値を享受できるようになり、それだけ満足度が高まるからです。

また、顧客側に設置した機器等から横断的にデータを取得し、それに基づいて顧客業務の改善を支援していくパートナー的取り組みが必要なのです。さらには、顧客側のアクティビティをデジタル化により肩代わりすることも考えます。顧客の負担が減らせるのはもちろん、多数の顧客のアクティビティを一括して代替すれば規模の経済が効き、コストダウンや高品質化につながります。企業と顧客がＷｉｎ・Ｗｉｎになるよう、両者の役割分担を見直すことが重要なのです。

たとえば食品スーパーは食材を店頭で売るだけでなく、「家族で食事を楽しむ」という課題解決支援のために、旬の食材を使った献立をタイムリーに提案できれば「日々の献立を考える」という顧客のアクティビティを代替できますし、データ分析やAI予測を活用すれば、その精度はどんどん高まり、より栄養バランスがよく、より簡単に、より安いコストでバラエティに富んだ食生活が実現するようサポートできるようになります。他にも、オンラインで購入予約を受け付けたり、品切れ時に代替品を提案したり、BOPIS（Buy Online Pick-up In Store＝オンラインで購入して店舗で受け取る）のような新たな購買サービスを提供したり、クイック配達や定期配送など、さまざまなアクティビティの代替が検討できます。

B2Bの生産設備メーカーなら、設備にデジタル技術を組み込むことで、遠隔監視や予防保全で顧客業務の改善を図るとともに、メンテナンスの代替やソフトウェアの遠隔（OTA）アップデートなどが可能になります。また製品の設計支援や、材料のレコメンド、調達のサポートなども考えられるでしょう。実際に、最先端の3Dプリンタメーカーは試作品の設計支援や、材料の提案、調達支援まで手がけています。

ＳＴＥＰ４　顧客に価値を提供する仕組みを整備する

［ＳＴＥＰ３］でデザインした顧客課題解決のためのビジネスの仕組みを新たにデザインします。顧客に届ける財・サービスのデジタル化を目指すのですから、おのずとそれらを実現するためのサプライチェーンにも変革が求められます。ここでも徹底してデジタル化を進めることがポイントです。デジタル化により、物理的制約（距離・時間など）から解放されるため、無駄な処理、手作業による誤りや時間のロスなどを排除することができるからです。

また、提供価値を最大化するために、既存事業のリアルな資産をいかに活用するかという視点も重要です。デジタル化したサプライチェーンのなかでリアルの資産を新たに位置づけなおすのです。データのようなデジタル資産に比べると、物流拠点や生産設備とそれにひもづく人財のようなリアルな資産は、一から構築するために圧倒的な時間とコストがかかります。デジタル技術の活用に長けた新興企業が自社ビジネスの領域を侵食してきたとしても、リアルな資産とデジタル技術を掛け合わせてビジネスに生かしていれば、大きな優位性となるのです。

先ほども言及したウォルマートでは、ＥＣに力を入れているのはもちろん、実店舗でもロボティクスやＡＩ画像認識などの技術を積極的に活用し、店舗網、物流網のデジタル化を進めています。店頭在庫のチェックをロボティクスで自動化したり、店舗内カメラとＡＩでリアルタイムな在庫管理を実践するといった具合です。

STEP5 収益モデルやサプライチェーンを構築する

収益モデルに関しては、デジタルビジネスに適したパターンがすでに出尽くした感があり、そこから最適なスタイルを選ぶことが必要です。サブスクリプションがもてはやされがちですが、それにこだわる必要はなく、売り切り型かサービス型か、定額制か従量課金か、あるいは置き薬式やチケット制のようなフレキシブルな利用方式、パートナーと目標を共有できるレベニューシェア方式など広い選択肢を視野に入れることが大切です。

また、顧客に提供する価値を絶えず向上させるためには「顧客」「サプライヤー／パートナー」の範囲の見直しや、データ活用の仕組みを更新し続けることも重要です。デジタルで取得できるデータの量や種類は日々増え続けているので、それらを活用しながら予測精度を高め、顧客価値向上とコストダウンを絶えず追求していくのです。こうした地道な改善サイクルを繰り返すことが顧客との関係を強化することにつながるのです。

デジタル化によって他社とのパートナリングも以前より容易になっているため、新しい技術を持つスタートアップなど、自社にないケイパビリティやリソースは積極的に他社に求め、エコシステムを充実させていく視点も重要です。

さらに、既存のリアルな資産をデジタル技術によって新しい価値提供に使えないかも検討してみましょう。ウォルマートでも厚い顧客基盤を資産と捉えて、店舗内のデジタルサイネージを広告用メディアとして活用するという発想で、デジタルマーケティング会社を買収しています。こうした既存の資産が新たな事業立地の開拓につながる例も少なくありません。

このように、提供価値を向上させつつ更新を続けることが、変化の激しい市場において優位性を維持し続けるためには不可欠なのです。

デジタル変革を実現するためのシステムアーキテクチャ

さて、各ステップを踏まえて考えられる新たな顧客提供価値を実現するためのアジャイルビジネス組織のＩＴシステムは、どのように実装すべきでしょうか。既存組織・事

図表3-7｜デジタル変革を実現するためのシステムアーキテクチャ

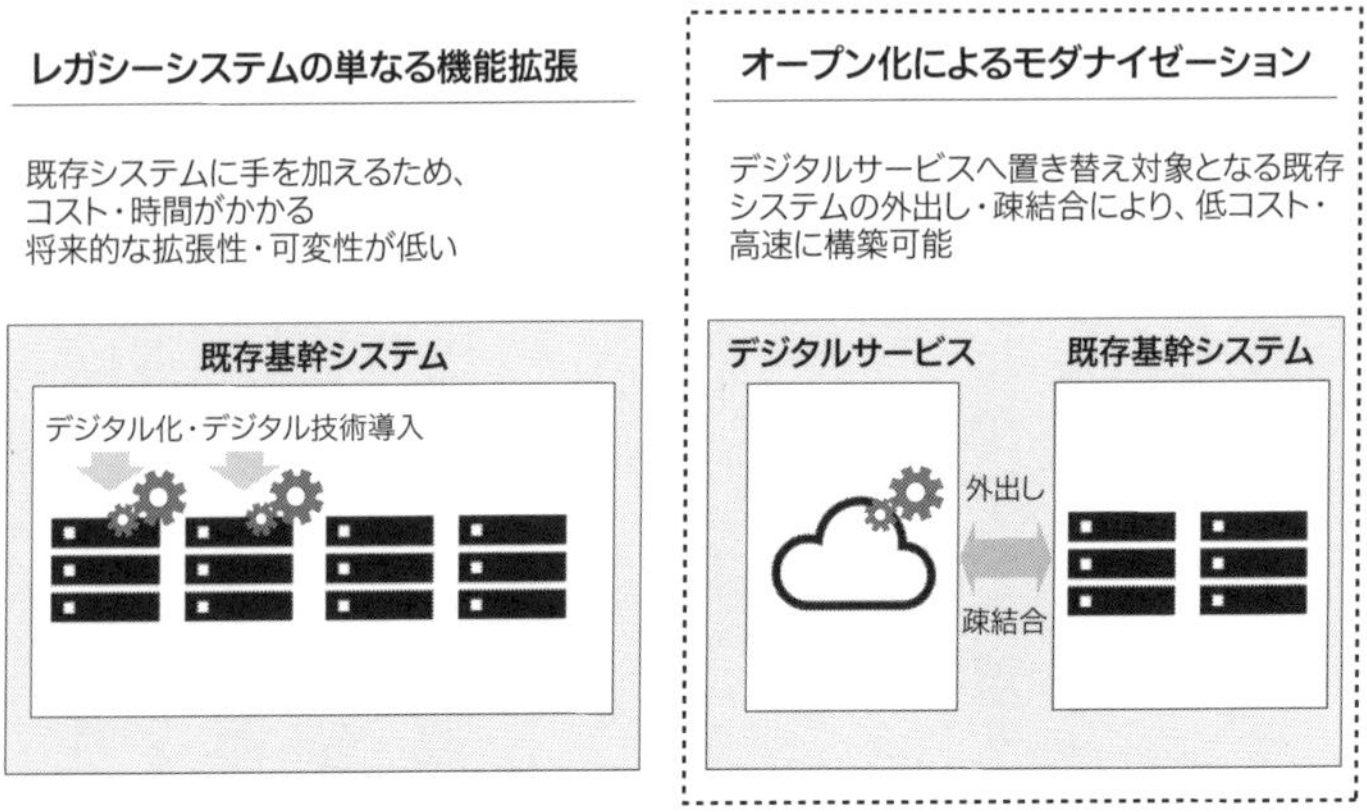
レガシーシステムの単なる機能拡張
既存システムに手を加えるため、
コスト・時間がかかる
将来的な拡張性・可変性が低い
既存基幹システム
デジタル化・デジタル技術導入
オープン化によるモダナイゼーション
デジタルサービスへ置き替え対象となる既存
システムの外出し・疎結合により、低コスト・
高速に構築可能
デジタルサービス
既存基幹システム
外出し
疎結合

業を支えてきた従来のＩＴシステムは、信頼性は高いけれど、変化への対応力は必ずしも高いとは言えません。それとは異なる考え方で実装する必要があります。

デジタルビジネスにおいては、市場や顧客ニーズの変化に対する迅速な対応や、タイムリーな市場投入が極めて重要です。また、サービス投入時だけでなく、その後も改善や価値向上を続けなくてはなりません。デジタル変革を支えるＩＴアーキテクチャには「変化に対する強さ」が強く求められるのです。

新たな業務の設計・構築においても、アジャイルに繰り返される変更と、スケールに耐える基盤が必要になるため、複雑に構築されたレガシーシステムからは切り離し、クラウドなどを活用した新たな独立環境で構築すべきです。クラウドは、コスト削減のためではなく、アジリティとスケーラビリティのために必要であり、レガシーシステムのデータが必要な場合は、必要最小限の連携によってクラウド側で活用することを考えなくてはなりません。

顧客価値の再創造という視点が「最適な独立」を生み出す

ここまで述べてきたように、ただアジャイルビジネス組織を立ち上げて新たなデジタルビジネスを創出するだけでは、デジタル変革は成功しません。その原点で「自社の顧客に提供する価値の最大化」という大きな目的を掲げ、アジャイルビジネス組織の目的を明確にし、それを全社で共有することが重要なのです。そのためには、既存組織や既存事業ともバランスよく連携していかなくてはなりません。

デジタルビジネスは、開発手法こそ「アジャイル」ですが、事業アイデアを生み出すにも、試行錯誤を重ねて事業化するにも時間がかかります。そこから収益を得て、事業の柱に育てようとすればなおさらです。一方、ビジネスモデルが確立された既存組織においては、販促プロモーションやコスト削減策を打てば、成果がビビッドに数字になって返ってきます。そのため、せっかくアジャイルビジネス組織を立ち上げても、短期的に成果が出ないという点から軽んじられやすく、既存事業のリソースが不足すれば、アジャイルビジネス組織から既存組織へ人財や予算を気軽にアサインしてしまうということがよく起こります。しかし、これを繰り返していると、新規サービスや新規ビジネスの創出に至らないまま組織が縮小に向かい、最終的に成果を得られないまま解散してしまうことになりかねません。長期的な視点に立てば、これでは何も変革できず、企業の成長そのものが鈍ってしまうのです。

逆に、デジタルビジネスのマネジメントを既存事業の領域にまで適用したとすれば、既存組織に必然性のない変革を強いることになり、これまで築いてきた強みまで潰しかねません。本来なら最も大事な「何のためにやるか」というWHYを置き去りにして、手段に過ぎない方法論の導入が目的化してしまうのです。すると、既存組織は効果を実感できないまま疲弊し、新規プロジェクトも頓挫するという共倒れを招きかねません。既存組織は既存組織で従来のマネジメントを守る必要があるのです。

ただし、既存組織のマネジメントは、高品質の製品やサービスを生み出して着実に提供するためのものであり、新たなサービスやビジネス創出には向きません。アジャイルビジネス組織を成功させなければ、いつまで経っても変革が実現しないのです。

経営者の大きな役割は、アジャイルビジネス組織のミッションを明確にし、その達成のためにはどんなマネジメントが必要かを社内で共有していくことです。そして、新たな顧客価値の創出（顧客価値のリ・インベンション）のために、アジャイルビジネス組織は何をすべきか、既存組織は何をすべきか、その両者はどう連携してどのようなシナジーを生み出していくべきかを常に考えなければなりません。

COLUMN

欧州の通信キャリアのシステムアーキテクチャ事例

当社の海外グループ会社が設計・開発に従事したプロジェクトにおけるシステムアーキテクチャの事例をひとつご紹介します。欧州の大手の通信キャリアが、新たなユーザー層の開拓に向けて、既存とは異なるブランドで新サービスを立ち上げた際のものです。

新サービスではターゲットに合わせて「気軽な手続き」「わかりやすいサービスや料金体系」の実現を掲げており、既存ブランドでのサービスは店舗中心だったものを、新サービスでは店舗に出向かなくてもＷｅｂを中心に手続きを進められる仕組みにする必要がありました。

図表3-8 ｜ ITアーキテクチャ（欧州の通信キャリア事例）

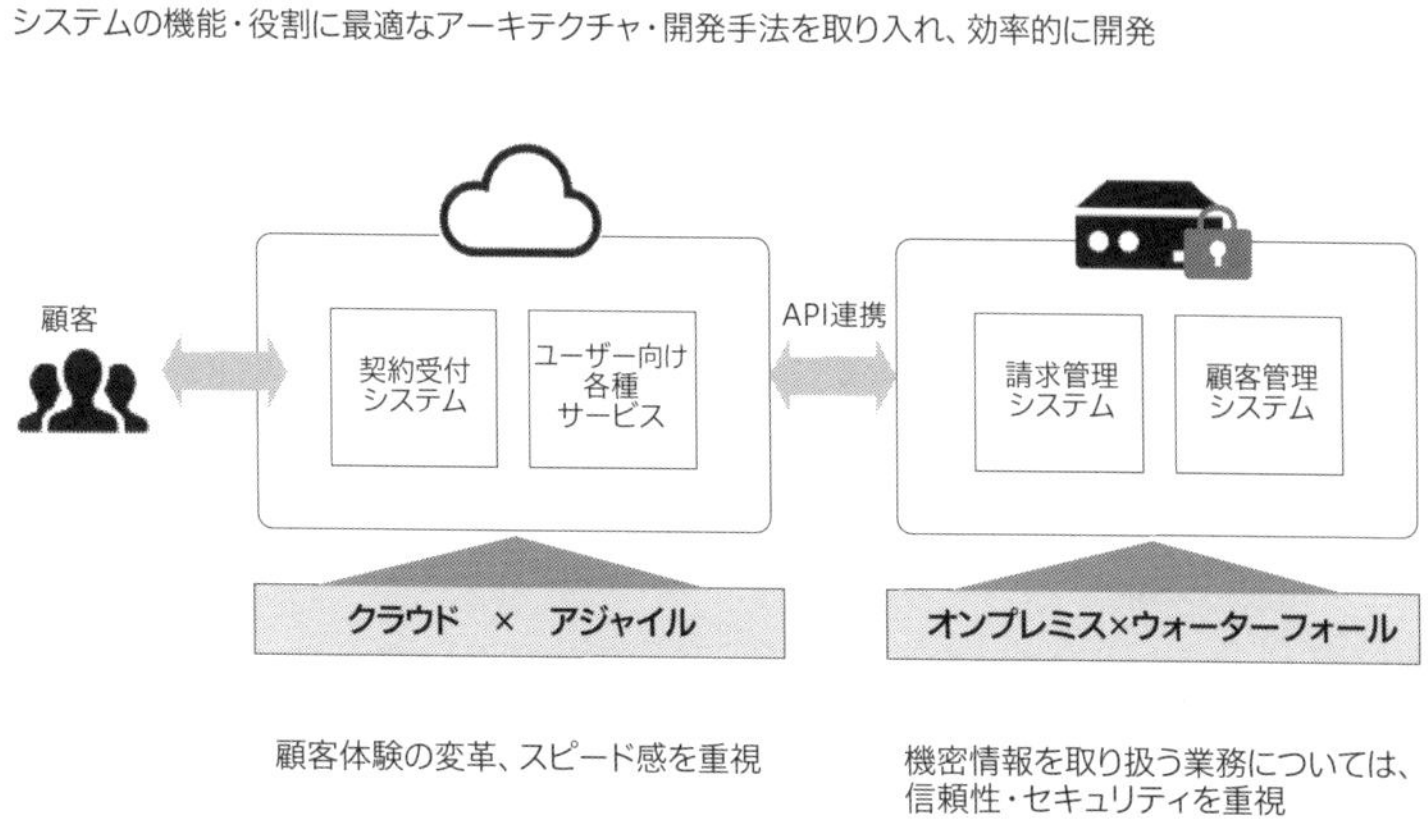

システムの機能・役割に最適なアーキテクチャ・開発手法を取り入れ、効率的に開発
顧客
契約受付システム
ユーザー向け各種サービス
API連携
請求管理システム
顧客管理システム
クラウド × アジャイル
オンプレミス×ウォーターフォール
顧客体験の変革、スピード感を重視
機密情報を取り扱う業務については、信頼性・セキュリティを重視

企画・開発フェーズでは、新サービスのビジネスモデルの検討、カスタマージャーニーの検討、ＩＴシステムやビジネスプロセスの準備などを同時並行で行いました。ＵＸのデザインにあたっては、店舗での契約手続きをＷｅｂに移植するのではなく、デジタルを前提に最良の顧客体験をゼロから設計し、細かい改善を繰り返しながらアジャイルに実装していきました。一方、スマートフォン端末の管理や請求システム、顧客の個人情報の取り扱いといった信頼性が重要な部分には、既存の基幹システムを活用しました。バックエンドを担う既存の基幹システムと、フロントエンドを構成するクラウドとをＡＰＩを介して疎結合で連携し、相互干渉を最小限にしながら、スピーディーな対応と信頼性を両立させています。

このように顧客体験の向上に向けて細かな改善を通じてつくり込む部分と、信頼性が求められる部分とで開発のアプローチを変えることで、通常のやり方では1年以上かかるようなサービス検討からＩＴシステムの整備までの期間を大幅に短縮し、市場スピードに即したサービス開始を実現しています。

COLUMN

レガシーシステムのモダナイゼーション手法

デジタル変革を企業全体に広げるためには、レガシーシステムの変革が避けて通れません。「2025年の崖」では、企業の約8割はレガシーシステムを抱えており、約7割の企業がそれをDXの足かせであると考えているとされていましたが、確かに以下のような課題がデジタル変革の足かせになっていることは実務を通じて実感するところです。

▼ブラックボックス化：設計時の担当者が引退して、現状のシステムの中身がわからない

▼データサイロ化：データが散在あるいは個別最適化され過ぎていて全社で活用できない

▼システム肥大化：改修で品質を維持するにはコストと時間がかかり過ぎる

これらの課題を一気に解決するのはリスクが高く、長い時間を要します。また、

これから新しいテクノロジーを柔軟に取り込んでいくためには、部分的に入れ替え可能な可変性の高いアーキテクチャを目指さなくてはなりません。以下のようなモダナイゼーションの方法がよく採られます。

▼リホスト：業務ロジックを変更せず、メインフレームからオープンシステムへ移行する

▼リライト：業務ロジックを変更せず、ツール等を用いてプログラミング言語を変換する

▼リビルド：現行仕様を復元し、システムを全面的につくり替える

モダナイゼーションする対象をよく見極めてふさわしい方法を選択することが重要です。

第4章

アジャイルビジネス組織の実践

NTTデータのアジャイルビジネス組織〈Digital CAFISプロジェクト〉

第4章では、新たなサービスやビジネスを生み出すためのアジャイルビジネス組織の実践例として、当社の法人ソリューション分野の「ITサービス・ペイメント事業本部」において、2018年から取り組んでいる「Digital CAFIS（デジタルキャフィス）」のプロジェクトを紹介したいと思います。

「CAFIS®」とは、NTTデータが運用する日本最大のキャッシュレス決済プラットフォームです。1984年にサービスを開始して以来、規模が拡大し続け、初年度は約20万件だった月間処理件数は2020年に9億件を突破しています。そして現在、国内のほぼすべてのカード会社や金融機関、100万店以上の加盟店をつなぎ、日本のクレジット処理の大半を処理するペイメントインフラへと成長しています。このCAFISの開発・維持・運用を手がける「カード&ペイメント事業部」におけるデジタル変革の取り組みが「Digital CAFIS」なのです。

変革を必要とした背景には、キャッシュレス決済の多様化があります。かつてキャッシュレス決済は「富裕層が高額決済でクレジットカードを使う」といった限定的なシーンでしか利用されていませんでした。しかし、EC市場の拡大とともに電子マネーやQRコードといった決済手段の多様化が進み、いまでは「誰でも、いつでも、どこでも、少額でも」気軽に使えるものになっています。それにともない、かつては希少な価値を持っていた「信頼性の高い処理を着実に実行する」ことは社会インフラとして大変重要なことですが、いまはあって当たり前のように思われています。そして、プラスαの新たな価値提供が求められるようになっているのです。

すると、私たちの事業も「消費者の体験価値を向上させる新たなサービスを生み出す」ことを強化せざるを得ません。そのためには、デジタルの経済原理に沿った新たなマネジメント、新たな組織へのアップデートが欠かせません。具体的には、規則・マニュアルをベースとしたオペレーション主体の組織から、お客さまとの共創で新たな価値を生み出していく価値創造主体の組織への変革、高効率で高信頼のシステムを構築することを主眼にしたピラミッド型組織から、お客さまとの共創で新たな価値を生み出し続けるチーム型組織への変革が求められるようになったのです。こうして「CAFIS」から「Digital CAFIS」を創り出すプロジェクトが始まりました。

もちろんNTTデータではこれまでも、「SAFe®[1]」などのフレームワークを活用したアジャイル開発プロジェクトそのものは数多く実施してきています。しかし、単に手法としてアジャイル開発を取り入れただけでは「アジャイルビジネス組織」とはいえません。一方、Digital CAFISでは、組織、人財、マネジメントをすべて一新し、サービスの企画、開発、運用をすべて統一プラットフォーム上で実施しながら新たなチー

1 Scaled Agile Framework® の略。
エンタープライズ向けのアジャイル開発フレームワーク

ムワークとマネジメントにチャレンジしてきたのです。このプラットフォームでは、スタッフ同士のコミュニケーション環境も一元化し、すべてマルチクラウド環境、ゼロトラストセキュリティ技術で構築しています。

あらゆる活動が同一プラットフォーム上で行われ、活動結果がすべてデータとして蓄積されるため、マネジメントもデータに基づいて行われます。ピラミッド型組織では、マネジャーは部下からの報告に基づいて意思決定を行いますが、アジャイルビジネス組織においては、マネジャー自身が社員の活動データを直接確認し、その意味を把握し、その都度適切にフィードバックしなければなりません。また、人財育成においても既存組織とは異なるOJT（職場内訓練）やOFF-JT（職場外訓練）を実践しており、それらが社員のモチベーションやスキルアップに与える影響も、既存組織とはかなり異なることがわかっています。また、社内メンバーだけでなくベンチャー企業との連携や外部の有識者を巻き込んだ、いままでとは異なるチーム運営にチャレンジしています。

言葉にするとシンプルですが、現場での実践においては、さまざまな課題が発生します。マネジャーたちはそれにどう対応していったのか。アジャイルビジネス組織のマネジメントの実際をお伝えするために、Digital CAFIS事業を担当した2人のマネジャーとの対話をここに掲載したいと思います。

Interview

「人財」と「サイエンス」を原動力に価値創造型のカルチャーで変革を牽引していく

ＩＴサービス・ペイメント事業本部カード＆ペイメント事業部長 栗原正憲
デジタルペイメント開発室長 神保良弘

立ち上げの経緯

大きな環境変化を背景に、プロジェクトが始動

山口 まず、組織発足の背景から伺いたいと思います。栗原さんは現在カード＆ペイメント事業部全体を統括する立場ですが、ＣＡＦＩＳ事業の課題はどのように捉えていましたか。

栗原 カード＆ペイメント事業部は、ＮＴＴデータの伝統的なソリューション部隊とし

て、接続社数、取引量ともに日本最大級の規模を誇るキャッシュレス決済プラットフォーム「ＣＡＦＩＳ」の開発・維持・運用を支えてきた部門です。そして、サービス開始から一貫して右肩上がりの成長を続けてきました。その成長は現在も続いていますが、この５～６年は大きな環境変化にさらされています。

２０００年代までは、システムのオープン化や、「より速く」「より安く」という観点でのフレームワークづくりや開発がメインでしたが、市場環境が明らかに変化してきたのが２０１５年頃です。スマートフォンのようなモバイルデバイスが普及し、ネットワークのレベルが上がったことで新しい決済スキームが出現し、明らかに「過去の延長」ではない変化が押し寄せてきたのです。

特にインパクトが大きかったのは、物理的なカードがなくても、スマートフォンで決済できるようになったことです。ＣＡＦＩＳは、伝統的なテクノロジーに根ざし

栗原正憲
ITサービス・ペイメント事業本部
カード＆ペイメント事業部長

た役割分担で維持してきた事業です。物理的なカードの存在を前提に、カードの有効性を確認したり、加盟店の正当性を認証するといった各種の役割を担う「部分」の連携が非常に重要でした。しかし、その前提が崩れ、もはやＣＡＦＩＳやそれを取り巻くステークホルダーがいなくてもペイメントサービスが可能になっていく。すると、ＣＡＦＩＳ事業の存在意義も相対的に失われていく。そんな危機感をひしひしと感じるようになりました。

山口　私も本事業の担当役員として、ペイメントの環境変化の激しさを認識していましたから、新たなサービスの企画・開発が重要な課題であることは認識していました。栗原さんは、こうした危機感の対応に、どのように取り組んだのでしょうか。

栗原　大きな構造変化に直面したことで、既存のサービスやシステムの「改善」ではなく、時代に応じた「価値提供」を一から考えなくてはならないと考えました。つまり、ＣＡＦＩＳのビジネスモデルそのものが変革を迫られていると捉えたのです。

既存の価値観の延長線上で品質やスピードを向上していくのではなく、これまでにない新しい価値を生み出すためにどうするべきか——。２０１８年、私たちは手始めに

「ペイメントイノベーションラボ」という5人のチームを部内に立ち上げました。いままでにない方法で価値創造にトライする実験の場です。

初期のメンバーは5人。2人の社員に加えて、ベンチャーからエンジニア3人に参加してもらいました。当時、事業部内にはウォーターフォール開発以外の経験を持つ人財は一人もいませんでしたから、まずはアジャイル開発を肌感で理解するために、外部人財を加えて最小のスクラムチーム[2]をつくったのです。

このラボでは、ブロックチェーン技術を使ったアプリやＡＩチャットボットなど、フィンテック関連のアジャイル開発に取り組みました。いずれも実証実験レベルで、ビジネス的な価値につながったわけではありませんが、実践を通じてプロセスの整備や、不足しているケイパビリティの調査は進みました。そして、1年ほど試行錯誤を繰り返すと「やはり、こうしたイレギュラーな組織か

神保良弘
デジタルペイメント開発室長

らは、新しいものがいろいろと生まれてくる」と実感できました。

山口　新しい方法論を取り入れて、さまざまに試行錯誤していましたね。そして、このラボが母胎となってDigital CAFISが生まれました。

栗原　はい。2019年に入ると、バーコード決済が普及してきて、構造変化の勢いが増しました。新しい技術を持つベンチャーは、スキルが高いだけでなく、「自分たちにしかつくれない価値をつくろう」というモチベーションが非常に高い。CAFISもそこに向かっていかないと、社会のなかで意味のある存在であり続けることができないとひしひしと感じました。いつまでもラボのままではなく、この試みをスケールしていかなければならない。そう考えて、全社的な投資を求めるプレゼンテーションを、山口さんら経営層に向けて行いました。

山口　このプレゼンテーションのことはよく覚えています。栗原さんの認識通り、当社の従来のビジネスの主流は「顧客の要求事項を速く、安く、正確に実現する」ことを主眼とするSIビジネスです。自社投資による新規ビジネスもやってはいるものの、比率

2　スクラムとはアジャイル開発の手法のひとつ。ラグビーのスクラムに由来し、メンバーがロールと呼ばれる役割に基づき、チーム一丸となってコミュニケーションを取りながら開発を進めることが特徴

はそれほど高くない。そして、プレゼンテーションで提案してくれたプロジェクトは、全社的に横展開できるものではないと判断し、全社的な投資とせず、ＩＴＳＰ事業本部内の戦略投資として承認することになりました。

いま思えば、私も当時から新規サービスの必要性を十分理解していたにもかかわらず、この範囲ではわざわざ独立型の組織を立ち上げなくても、既存組織のなかでできるのではないかと考えており、全社的に取り組む意義も十分に認識できていなかったように思います。

栗原　「デジタル特区」として新組織をつくることが承認されたので、ラボは「デジタルペイメント開発室」になりました。ただし、私自身はこのプロジェクトを「部分変革」と考えたことはありません。新規事業としてスタートし、それを市場のニーズの拡大に合わせて成長させ、いずれ全体を置き換えていく。最初からそんなイ

山口重樹
代表取締役副社長執行役員

メージを描いていたのです。

いま、ペイメントビジネスには競合が乱立しています。特に新しいテクノロジー、新しいスキームの領域への参入は激しい。

デジタルペイメント開発室は、ＮＴＴデータというトラディショナルなビジネスを行う企業のなかに新規ビジネスを立ち上げる試みですから、市場で実際に起きている対立構造を社内に再現したともいえます。つまり、必然的に社内でカニバリゼーションを起こす可能性がある。それも最初から前提にしていました。

プロジェクトの現状

アジャイルビジネスを通じて得られた3つのケイパビリティ

山口　デジタルペイメント開発室では、ベンチャーと競合してスピードを追求しなければならない一方、既存の事業部では、時間をかけて計画通りに開発し、高信頼でサービスを提供していく。確かに真逆といっていいほど文化が違います。具体的に、「デジタルペイメント開発室」にどのような特徴があり、どんな体制になっていたかを教えてください。

栗原　ＰｏＣを繰り返していた「ペイメントイノベーションラボ」から、実サービスを生み出す「デジタルペイメント開発室」へ移行するためには、スクラムもスケールしなければなりません。そのためには何らかのメソドロジーが必要だと判断し、スケールアジャイルフレームワークのＳＡＦｅを導入しました。Digital CAFISの目標はビジネスモデルの変革や価値創造にありましたから「商用的に提供されているフレームワーク」であり、ポートフォリオビジネスのレイヤーからエッセンシャル開発のレイヤーまで一通りのフレームが揃うＳＡＦｅは、他のフレームワークよりも課題にフィットしていたのです。

現在、新組織「デジタルペイメント開発室」に所属する社員は70人。パートナーさんを含めると総勢３００人の部隊になっており、社員70人のうち46人が入社2年目、つまり6割はデジタルペイメント開発室のネイティブであり、ウォーターフォール開発の未経験者です。ベンチャー企業やパートナー企業の研究職や特別な技術特性を持ったメンバーなど、多様な人財に参画してもらい、いままでにない新しい協業に挑戦しました。

特にベンチャー、個人事業主のメンバーについては、非常に高度なスキルを保有しており、月に数十時間などの限られた時間で参画してもらい、事業運営のＴＯ・ＢＥや技術方向性、顧客中心のペイメントアーキテクチャの方向性等を議論しました。

図表4-1 | NTTデータの実践例――Digital CAFIS　組織形態

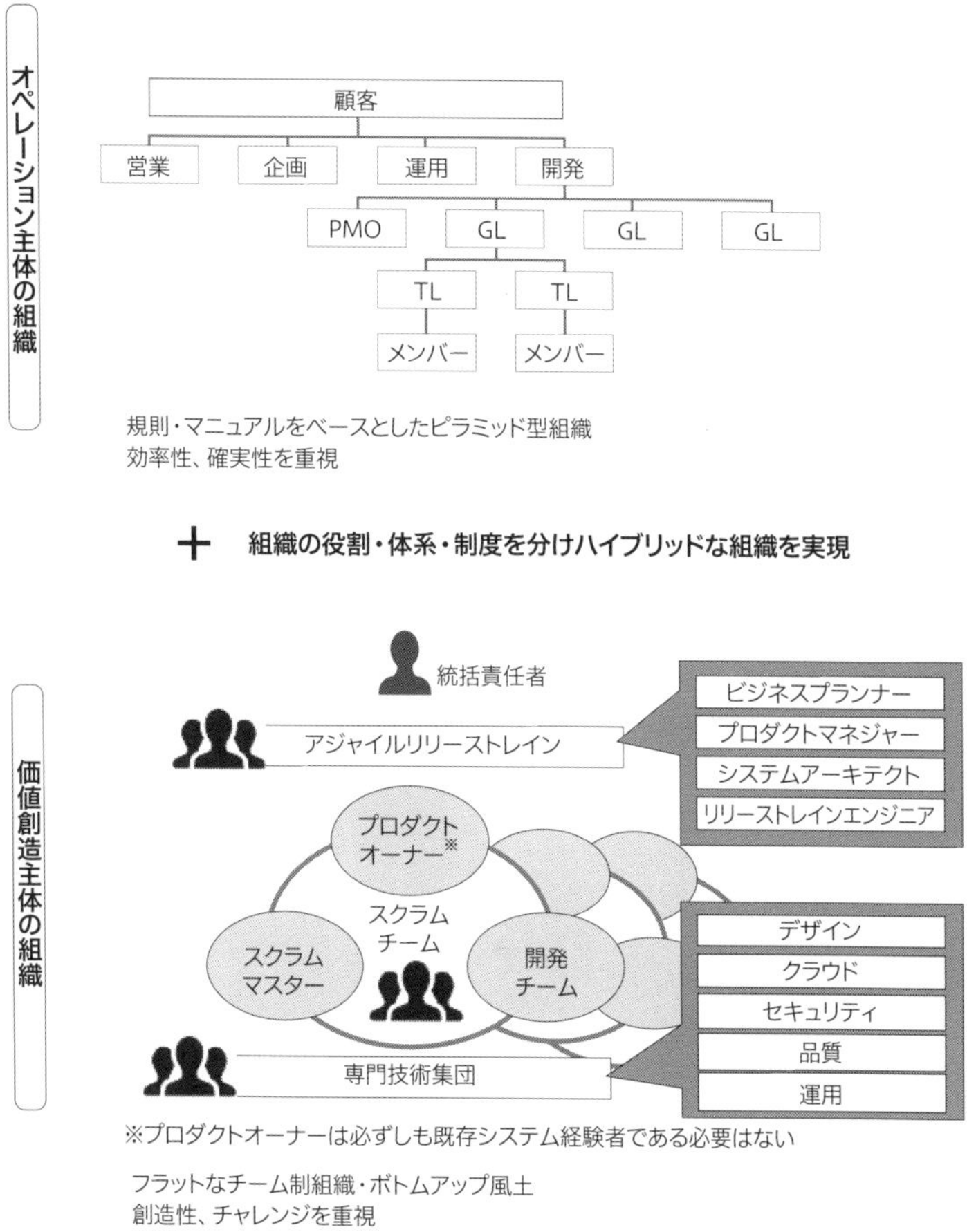
オペレーション主体の組織
顧客
営業
企画
運用
開発
PMO
GL
GL
GL
TL
TL
メンバー
メンバー
規則・マニュアルをベースとしたピラミッド型組織
効率性、確実性を重視
＋ 組織の役割・体系・制度を分けハイブリッドな組織を実現
価値創造主体の組織
統括責任者
アジャイルリリーストレイン
ビジネスプランナー
プロダクトマネジャー
システムアーキテクト
リリーストレインエンジニア
プロダクトオーナー※
スクラムチーム
スクラムマスター
開発チーム
デザイン
クラウド
セキュリティ
品質
運用
専門技術集団
※プロダクトオーナーは必ずしも既存システム経験者である必要はない
フラットなチーム制組織・ボトムアップ風土
創造性、チャレンジを重視

参加してもらうメンバーに、いかに私たちの夢やビジョンに共感してもらうか、また、その仕事が協力いただくパートナーにとって面白いかという観点を重視しました。

一方、事業部にはＣＡＦＩＳサービスを支える数百名の社員により構成される既存の組織があります。

山口　メンバーの６割が、通常のシステム開発であるウォーターフォール型の開発の経験がないプロジェクトは、当社では珍しいですね。通常はほぼ全員がまずウォーターフォール型の開発を一通り経験し、開発や進捗管理、品質管理の方法を学んだ後、一部のメンバーがアジャイル開発に移行するというパターンが多いですからね。現在はどんなサービスの企画開発にあたっているのでしょうか。

栗原　これまでのＣＡＦＩＳ事業では、顧客のビジネスプロセスの効率化が大きな目的でしたが、Digital CAFISでは、部分的な効率化ではなく、お客さまのビジネスそのものの変革の支援を目指します。そのため、お客さまのビジネス能力の向上にダイレクトに貢献し、その価値を上げるためのケイパビリティを新たに獲得することを主眼にしています。

それが、現在構築を進めている2種類のプラットフォームです。

第1のプラットフォームは、加盟店のペイメントまわりの課題を解決する「Omni Platform」です。APIを公開し、加盟店が自らの顧客にシームレスな購買体験を提供できるようにしました。同時に、多様な顧客接点から得られるデータを集約し、データ活用によってさらなる価値創造の実現をサポートできるプラットフォームにしようとしています。

第2のプラットフォームは、ペイメントに限らず、加盟店のビジネス全体を支援する「Digital Platform」です。商品の企画・開発、サービスの提供、顧客・人財・事業管理といった事業プロセスの最適化などに役立つツールを一気通貫で提供するものです。

いずれのプラットフォームも、API化やマイクロサービスを通じて、CAFIS加盟店の新しいビジネスをともにデザインしていこうという目的は共通しています。収益モデルとしては、プラットフォーム上でお客さまが実際にサービスやツールを構築し、そこから生まれた利益に応じてレベニューシェアするようなかたちを想定しています。これらのプラットフォームを通じて「1件いくら」のビジネスから脱却し、お客さまのビジネスの成長と連動して収益が上がるビジネスモデルへの移行を進めたいと考えています。

山口　加盟店さまに新たなサービスを提供していくプラットフォームで、収益モデルの変更も含めた新規ビジネスにチャレンジしているということですね。新規ビジネスをつくっていくわけですから、いままでのノウハウはほとんど生かすことができず、大変な苦労があったと思いますが、学んだことも多かったと思います。

栗原　はい。こうした取り組みは、3つのビジネスケイパビリティの獲得につながったと考えています。

第1に「価値創造主体の商品開発力」です。SAFeを活用して大規模なアジャイル型組織とプロセスが再構築できたことで、試行錯誤を繰り返せるアジリティの高い開発が可能になりました。同時に、チーム全体が階層のないフラット構造になり、「営業・コンサル」「企画・開発・保守・運用」という、これまで分断されていた役割が統合されて総合力が増しています。

第2に「サービス提供力」です。サービスの安定運用やデリバリーの品質保証を担う高度技術者としてSREエンジニア（Site Reliability Engineer：サイト信頼性エンジニア）やQAエンジニア（Quality Assurance Engineer：品質保証エンジニア）を配置することで、スクラムチーム横断で高い品質のサービスを安定して提供できるようになりました。
第3に「人財育成力」です。ＣＡＦＩＳ事業にはいま、継続成長期の事業と事業創造期の事業が混在している状態です。Digital CAFISは後者にあたり、ここに配置した人財は、既存事業の育成の方法論とは完全に切り離して独自に育成しています。「上が下に教える」のではなく、チーム全体のミッションにアサインし、裁量を与えながら「自律的に成長する」ことを重視した育成を実践しているのです。既存組織では得られないスキルを持つ人財の育成につながっていると思います。

デジタル組織のマネジメント
新旧組織が「分離しつつ共存」することの重要性

山口　栗原さんは、事業部全体の責任者として、既存組織と新規組織の両方をマネジメントする立場です。両者のバランスを取るために、特にどのようなことに留意していますか。

栗原　最も強く意識しているのは「それぞれのよさを潰さないマネジメントをするこ

と」です。そのため、マネジメントラインも明確に切り離していますし、コミュニケーションツールもまったく別のものを使っています。オフィスも、既存組織は品川、デジタルペイメント開発室は渋谷を拠点にしており、物理的に離れています。もちろん、既存組織とのコミュニケーションが必要な場面もありますが、それは私たちのような管理職が担い、基本的にチームメンバーは関わりません。

というのも、価値創造を担うチームに、既存ビジネスの効率化を目指す人が交ざると、目的が濁ってしまうからです。既存組織が「よくない」と言いたいわけではありません。会社にとってはどちらも重要であり、それぞれ違った目的を持っているがゆえに、両者の価値を最大化するために「あえて交ぜない」ことが重要だと考えているのです。

既存組織から見れば、デジタルペイメント開発室のメンバーのスキルそのものが自分たちにないリソースですから、既存組織のサービス開発にも参加してほしい、という声も出てきます。実際に、既存組織から生まれたビジネスに、デジタルペイメント開発室のメンバーが加わってコラボしようとしたこともありました。しかし、やはり交ぜるとよさが消えてしまうことに気づき、途中でそのビジネスは完全に既存組織に戻しました。

技術的に尖ったスキルを持つメンバーをせっかく集めても「それを使って既存事業を立て直そう」という目線になったとたん、元の鞘に戻ってしまう。いかに最初のコンセプトを磨き続けられるかが大事です。コンセプトがどれだけよくても、既存事業で成果を出し続けられないと新規事業の優先度は下がるし、そのリソースを既存事業につぎ込みたくなる局面は出てきます。その誘惑にいかに耐えて分離を守るか、が大事だと思っています。

同じ事業部内に既存事業というA面と、新規事業というB面があるようなイメージです。現在は既存組織がA面ですが、将来的にそれがひっくり返って、B面が表になる可能性も十分にある。ビジネスのポートフォリオとしては、どちらの可能性にも張っておく必要がありますし、タイミングよくひっくり返すためにも、両者を交ぜるのはよくありません。

部門の責任者としては、コミュニケーションの発信は新規組織より既存組織向けに厚くするようにしています。現実に利益を生み出しているのは既存組織ですし、新規組織に肩入れし過ぎて、既存メンバーのモチベーションを低下させてしまっては大変です。そのため、組織としてはどちらも必要不可欠であり、どちらが上でも下でもない、ということはずっと言い続けてきました。その甲斐あって、いまでは「自分に合った場所で適性を生かそう」と冷静に考えている人のほうが多いと思います。苦労はありましたが、「分離しつつ共存」が自然にできるようになってきました。

山口　会社としては、既存組織のビジネスも新規組織のビジネスも重要です。ペイメント事業の成長という共通の目的に向かって、社員が両方のビジネスの重要性を共有したうえで、自分がより能力を発揮できるところで貢献していこうと思ってくれているのは嬉しいですね。

山口　デジタルペイメント開発室をさらに発展させるためには、何が重要と考えますか。

栗原　現在のカード&ペイメント事業部には、新旧両方の組織が併存している状態です。新しい事業が主流化するには時間がかかるので、この状態は当面続くと思います。しかし、いずれは新規組織のやり方が主流になっていくことを見据えて、そのための道筋を5~10年でつくりたいと思っています。継続を仕組み化し、サステナブルにするためのカギは、人財とマネジメントです。

先ほども触れたように、新規組織は、既存組織の価値観が交ざり合うと目的がぼやけます。それを防ぐには、常にコンセプトを磨き続けるリーダーが不可欠です。リーダーの意志なきデジタル組織は、単にアジャイルをやるだけ、先進技術を追い求めるだけの組織になってしまうからです。

図表4-2｜NTTデータの実践例——Digital CAFIS　Digital Work Platform

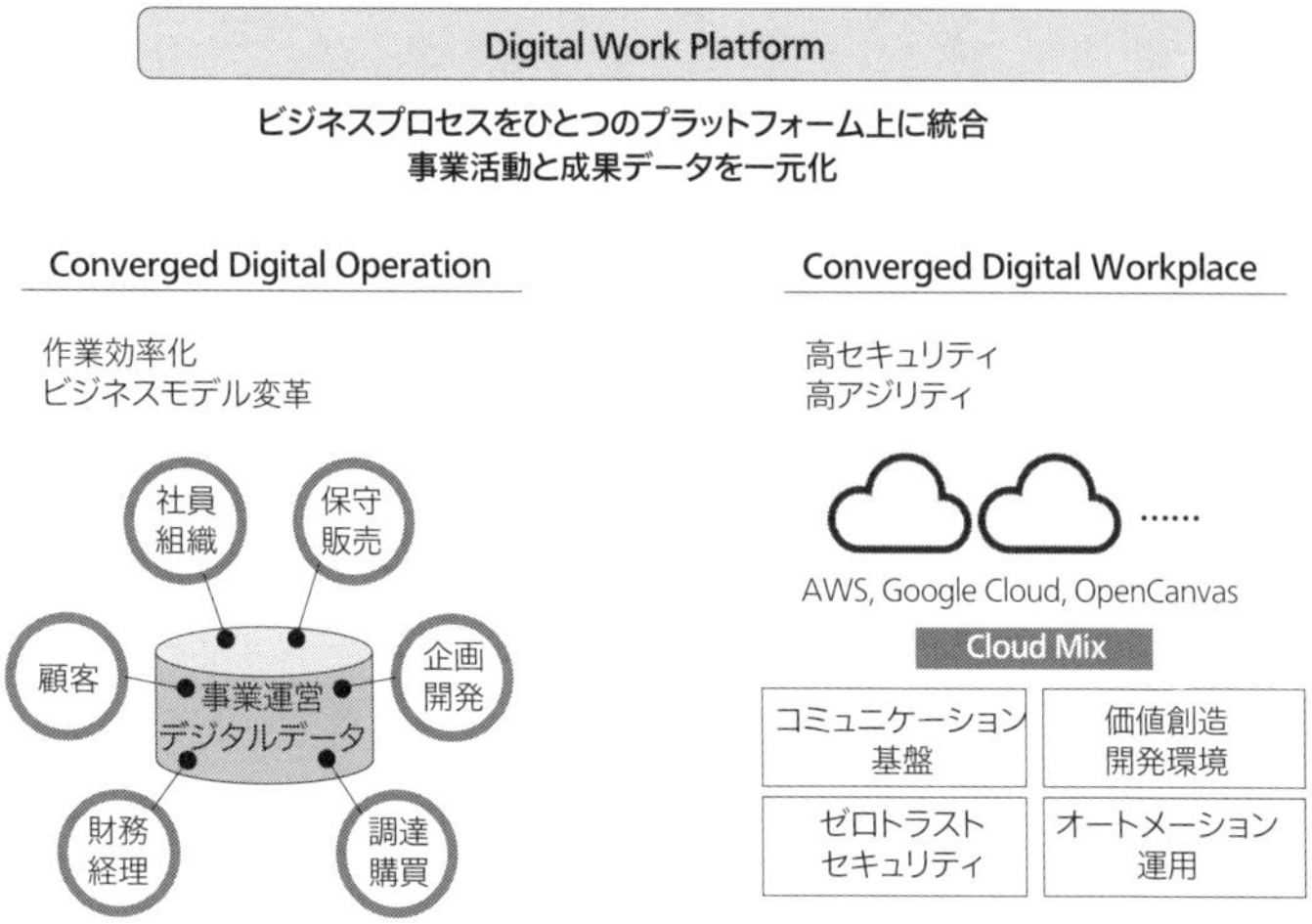

Digital Work Platform
ビジネスプロセスをひとつのプラットフォーム上に統合
事業活動と成果データを一元化
Converged Digital Operation
作業効率化
ビジネスモデル変革
社員
組織
保守
販売
顧客
企画
開発
事業運営
デジタルデータ
財務
経理
調達
購買
Converged Digital Workplace
高セキュリティ
高アジリティ
……
AWS, Google Cloud, OpenCanvas
Cloud Mix
コミュニケーション
基盤
価値創造
開発環境
ゼロトラスト
セキュリティ
オートメーション
運用

私にはCAFISの事業から数年離れていた時期があるのですが、異動前に立ち上げたプロジェクトが、その間にすっかり注力されずに別物になっていた経験があります。コンセプトそのものは変わっていないのに、「新規サービス創出」の企画が「システムの最適化」に先祖返りしていたのです。コンセプトだけでは継続できません。

まず人財面では、新旧両面の視点を持ち、リーダーとして活躍できる「両利きのマネジャー」が必要です。ラボの立ち上げからこのプロジェクトを引っ張り、現在デジタルペイメント開発室の室長を務めている神保さんはまさにそんなマネジャーですが、彼のようになれる人は既存組織にも多くありません。組織内でパフォーマンスが高いメンバーでも、さらに「両利き」に必要な「他者の価値観を受け入れる柔軟性」や「自己否定の能力」を持つ人物は極端に少ないのです。

もうひとつがマネジメントですが、これを仕組み化するためには、社内の憲法ともいえる「ビジネスマネジメント実施要領」を新たにつくる必要があると考えています。いまの要領と合わせて「一国二制度」にするのです。Digital CAFISのような新しい取り組みが、現在のビジネスプロセスに適合しないことは自明ですし、NTTデータとしても、やはり2つのビジネススタイル、2つの能力が必要です。そして、ビジネススタイルが違えば、マネジメントや人財育成、社内システムも当然変えなくてはいけません。

これらを明文化することを神保さんは「サイエンス」と呼ぶのですが、サイエンス化することで標準化し、それをサステナブルにしていくことが重要だと考えています。

山口　デジタル変革の成功には、既存組織と新組織のマネジメントの両方を理解し、リーダーとして動ける人財が必須という意見、本当にその通りだと思います。それぞれの違いをより多くの人が理解し、実践できるように、明文化していくことも大事ですね。同時に、アジャイルに仕事ができ、デジタル変革を牽引できる人財も増やしていかなくてはなりません。

私もデジタルペイメント室が発足した1年後、社員の課題発表会に参加しました。確かに既存組織の社員とは発想が違っていました。

栗原　特性の違いがはっきり出ていましたね。既存組織の社員は非常に論理的だし、クオリティ、コスト、デリバリーなどの条件をしっかり守りながらPDCAをきっちり回して着実に成果を出していました。一方、デジタル組織のメンバーには、PDCAの「DO」しかなく、仮説を立てたら即行動して、行動から直接学んでいる様子が伝わってきました。

人財育成の視点

データ活用で実現する、フラットなマネジメント

山口　デジタルペイメント室長として、組織をマネジメントする立場の神保さんは、価値創出型のデジタル組織で力を発揮できる人財を、どう育てていくべきだと考えていますか。

神保　アジャイル環境で育った人財をウォーターフォールに移行するのは容易ではないと思います。

私自身が既存組織からデジタル組織へのシフトを経験しましたが、きっと逆なら耐えられなかったと思います。人財のトランスフォームは一方通行だと思います。

そして、ウォーターフォールからアジャイルへのリスキリングは、可能であるというだけではなく、一定数は絶対にしなければならないと思います。ウォーターフォール開発とアジャイル開発の価値観を併せ持つ「両利きのマネジャー」が絶対に必要だからです。ウォーターフォール的な仕事の進め方の顧客企業はまだまだ多く、アジャイル組織

だからといって新しい価値観を押し付けるようなやり方ではビジネスがうまくコントロールできません。

それに、アジャイルだ、価値創造だといっても、決済を扱う以上、セキュリティ面をおろそかにできません。マネジャーをはじめ、リーダーとして役割を果たす人には「絶対に失敗してはいけない部分がどこか」を見極める勘所が求められますし、そういう人財は意識的に育てなければ育たないでしょう。そのための方法論はまだ明確ではありませんが、「風土、価値観、人財定義」をセットにするのがポイントではないか、という仮説は立てています。これらをサイエンス化、明文化できれば、ロールモデルが生まれ、育成も可能になるのではないでしょうか。

山口　まったく同感です。リーダーには、新規サービス・ビジネスのなかで顧客の要件をスピーディーに柔軟に実現するためにアジャイルに向いた領域と、高信頼を実現するためにウォーターフォール的に基盤を整備すべき領域を見極め、双方をマネジメントする能力が必須ですね。

これを間違うと大変なことになります。課題はその育成方法ですね。

神保 新旧組織それぞれの新入社員のＳＰＩ[3]を見ても、価値観や行動は環境や風土、仕組みなどである程度変わることは確認できました。ただ、年数が経てば経つほど柔軟性はなくなっていくので、リスキリングした社員の優秀層がどれだけアジャイル環境に染まるかどうかはやってみないとわかりません。

10人が10人両利きのマネジャーになる必要はなく、1割でも育てば相当強いのではないでしょうか。エンジニア、ＵＸデザイナー、データサイエンティストなどはアジャイル人財で構成し、ＰＯ[4]（Product Owner）のようなリーダーとしての役割を果たすポジションに両利きの人財がいればいいのですから。1割をしっかり育て、その人を核にスケールすればビジネスは回せます。

山口 アジャイルなプロジェクトでは、進捗や品質はどのようにマネジメントをしましたか。

神保 四半期を単位にして、ビジネスプランナーとビジネステーマを合意し、これを2週間のスプリント[5]に分けました。そして、スプリント内でクライテリアをやり切るようにしています。未達成の場合はバックログとして管理し、次のスプリントに持ち越しま

3 Synthetic Personality Inventory（総合適性検査）の略。一般社会人として広く必要とされる資質（性格・能力）を測定する適性検査

4 PO（プロダクトオーナー）はスクラム開発におけるロールのひとつ。スクラム開発の効果を最大限に発揮するために、プロジェクトを主導する役割を担う

5 アジャイル開発において一定量の作業を完了させる際の短く区切られた期間

す。それでも生産性が改善できない場合は介入して、共通チームが支援したり、メンバーを入れ替えたりします。最近面白かったのは、ベテランチームの開発が遅れたのを、2年目の社員を中心とした若手チームがリカバリーしたことです。

山口　そのような活動はすべてデータとしてプラットフォーム上に蓄積されるわけですね。個々のプロジェクトの進捗や社員の活動状況は、神保さんが直接データにアクセスしてマネジメントしていると聞いています。

神保　はい。それがウォーターフォール型開発のマネジメントとの最も大きな違いです。以前は進捗や品質に関して現場からの報告を受けて判断するというかたちでしたが、いまは自分から活動ログを取りに行っています。

データは分散しているので、マネジメント面で重要な項目は自分のダッシュボード[6]に表示して確認しています。開発量、ドキュメンテーション量、タスク量、リリース状況、インシデント状況などです。気になる点があれば元データまでさかのぼります。といっても2クリックぐらいリンクをたどるだけです。

必ずチェックするのはメンバーのチャットですね。コミュニケーションの量と質を見れば、いま進行中の開発プロジェクトがどこまで進捗しているかがだいたい把握できます。開発状況では、チケットの状況（開発の進行状態、課題の状況等）で確認し、必要に応じてリーダーやメンバーに確認を取ります。ドキュメンテーションも、中身まではチェックし切れないので、スペースの構成や質、更新履歴などを見ます。更新頻度や更新者の偏りからメンバーのスキルが見えてきます。

さらに重要なのは、セキュリティ状況です。ダッシュボードで脆弱性やインシデントの状況を確認します。合わせてファイルの転送状況や構成管理の変更状況も可視化されていますが、情報量が増え過ぎて確認できなくなってきているので、いま、ツールを活用して相関分析の自動化を試しているところです。とにかく全体的に情報量が多いので、効率よくマネジメントをするための方法は常に模索しています。

ウォーターフォール型開発なら要件定義で開発内容が決まっていますから、社員のエンゲージメントそのものはアウトプットの質に影響する度合は比較的少ないのですが、アジャイル開発の場合、メンバーのエンゲージメントの高さによってチームの生産性が大きく左右されます。ですから、社員のエンゲージメントを上げるために、四半期ごとの1対1のミーティング、週次の合同ミーティングなどのミーティングは重視していますし、チャットなどでまめにコミュニケーションを取るようにしています。

6 さまざまな情報ソースから複数の情報を集約して表示するツール

全社展開に向けて
リーダー人財の育成と「サイエンス」の確立がカギ

山口　既存組織との連携はどうしていますか。

神保　デジタルペイメント開発室と既存組織は、組織としても、マネジメントとしても、アーキテクチャとしても「疎結合」で、一見すると別会社のようです。既存組織の資産を使う局面ももちろんありますが、それを引っ張ってくるのは既存本流から来ている私のような人間の役割で、大部分のメンバーはほぼ既存組織との接点はないし、それでいいと思っています。

たとえば、既存のプロセスやセキュリティの概念はどうしても既存側から取り込む必要があります。ＩＳＭＳ認証[7]を取るとか、ＰＣＩ・ＤＳＳ認定[8]を取るとかですね。変換に多少苦労しますが、メンバーはあまりそこを意識していないはずです。

山口　新組織の運営はとても苦労が多いと思います。しかし、今後新規サービスや新規ビジネスを連続的に生み出していくためには、Digital CAFISのような取り組みを全社に拡大することが大事です。そのためには何が必要だと思っていますか。

神保　不可能ではないにしろ、相当難しいのは確かです。大事なのは、プロセスや方法論を真似するだけでなく、人財をセットで用意することではないでしょうか。「なぜアジャイルで価値創造をしなくてはいけないのか」をしっかり腹落ちさせた課題感のあるリーダーが不可欠だと思います。

「サイエンス」としては、現在でもプロダクトオーナー、ビジネスプランナー、スクラムマスターなどは一般に定義されていますし、プロセスもＳＡＦｅがある。私たちはそれらを必要に応じてテーラリングして使っていますが、栗原さんがいうように「ビジネスマネジメント実施要領」を明文化すれば、より社内に浸透させやすくなります。

品質の捉え方ひとつとっても、既存組織と新規組織では違います。前者ではシステムやプロダクトに着目して品質を評価しますが、新組織では「顧客サービスの品質」を重視します。セキュリティも画一的な「遮断」ではなく、オープンな「ゼロトラスト」[9]への移行が必要なので、セキュリティポリシーも全面的に違います。求められる品質もビジネスごとに違うので、画一的な判断をしているとミスマッチが起きかねません。顧客

7　企業における総合的な情報セキュリティに関する認証
8　クレジット業界におけるグローバルセキュリティ基準の認定
9　すべてのトラフィックを信頼しないことを前提として、セキュリティを確保する方式

と対話し、顧客の求めるものを理解してプロセスを設計しなければならないのです。これらの「サイエンス」が整備され、かつ、それを推進する人財が揃えば再現可能なモデルになるのではないでしょうか。

実践の事例の着目点
——独立型プロジェクトの運営の実際

Digital CAFISは、まだ発展途上のアジャイルビジネス組織です。しかし、この経験を生かして、お客さま企業のアジャイルビジネス組織の立ち上げの支援はすでに始まっており、評価をいただいています。

組織運営の実際については、フレームワークだけでは現場の息づかいまでは伝わらないため、実際にどのように試行錯誤し、どこで苦労したのかを、現場のマネジャーの生の声を通じてお伝えしたいとの思いから、このようなインタビュー形式でご紹介しました。そのマネジメントの特色や、既存組織との関係づくり、今後の展開への課題などについて、ぜひご参考にしていただければと思います。

本章の締めくくりでは、本事例から得られる、アジャイルビジネス組織の立ち上げや運営における着眼点をいくつか整理しておきます。

①組織の立ち上げ——小さくてもとにかく始める

社内に前例のない組織を立ち上げようとすれば、やはり立ち上げそのものにハードルがあります。Digital CAFISの例では、新規サービスや新規ビジネス創出の必要性そのものは経営層ともコンセンサスが取れたものの、独立型の組織にする必要性はなかなか理解されませんでした。

ここを突破するのが思いを持ったマネジャーで、「小さくても始めるしかない」との覚悟で実験的な組織が立ち上がっています。この事例では、外部人財も交えた5人でスタートしています。そして、短期間で実際にサービス提供に至っています。やはり、小さくても何らかの実績をつくることが重要で、企画だけでは組織の存在感を示せません。

②マネジメント——目的を堅持して独立を守る

従来のウォーターフォール開発では、決められた要件を、ＱＣＤを守って、計画通りに実装していくことが求められます。アジャイル開発では、お客さまの要件を段階的に取り込みながら実装する小さなサイクルを回し続けます。ウォーターフォール開発では全体の統制を強く意識して進めていく必要があり、一方、アジャイル開発は進みながら充実させていくため、統括するマネジャーは自ら動いて情報収集することが有効になります。

新旧組織は特性が大きく異なるため「交ぜない」ことの重要性も強調していました。Digital CAFISの場合は、既存組織とはオフィスの場所も別々です。そして、独立を守るためには「アジャイルビジネス組織の目的やコンセプトを守り抜く」というリーダーの強い意志が不可欠です。ただし留意が必要なのは、アジャイルに向かない領域があることも理解し、それに合った実装方法を柔軟に考える必要があることです。アジャイルは方法論のひとつでしかなく、それが目的化しないようにしなくてはなりません。

③新旧組織の連携——疎結合の組織を「人」がつなぐ

アジャイルビジネス組織は独立させることが重要である、とはいえ、事業拡大のためには既存組織との連携も不可欠です。そのためには、既存組織とアジャイルビジネス組織の両方を理解したリーダーが、それぞれの特性を理解して連携させる必要があります。

組織やシステムは疎結合になっており、密には連携しない構造になっているからこそ、リーダーがそれをつなぐ役割を果たさなくてはならないのです。

企業が事業展開していくためには、既存組織もアジャイルビジネス組織もどちらも重要です。達成すべき目標を共有したうえで、それぞれの組織の役割と存在意義は社員に広く理解を促す必要があります。リーダーはそのために、意図的に両組織にメッセージを発信していました。

④拡大に向けて――リーダー人財を核として全社へ

こうした独立型の組織を全社に拡大していくためには、アジャイルビジネスに特化した人財の育成が必要不可欠です。今回の事例では、既存組織の仕事を経験しない新入社員を直接組織に入れて育てる試みにチャレンジしていました。

ただし、リーダーには既存組織の経験も必要になりますが、既存組織からの転換は必ずしも容易ではありません。実践からわかったのは、アジャイルビジネス組織でのプロセスや方法論を表面的に真似するだけでは全社レベルに広げていけないということです。アジャイルビジネス組織での実務と文化を経験した人財を核として「のれん分け」的に広げていくことが求められます。

以上、着眼点としては、特に組織づくりの観点を中心に取り上げましたが、組織を目的通りに機能させるためには、組織を引っ張るリーダーの信念と、信念に裏打ちされた行動があってこそです。次章では、アジャイルビジネス組織を引っ張っていくために必要な人財像「リ・インベンションリーダー」について、掘り下げて考察していきます。

第5章

デジタル変革を成功させるために必要な人財

アジャイルビジネス組織に必要なデジタル人財

組織とマネジメントの仕組みを整えるだけでは、デジタル変革を成功させることはできません。ビジネスを動かす最も重要な要素は「人」だからです。第5章では、デジタル変革に欠かせない人財像を、ビジネス人財、テクノロジー人財、リーダー人財に分けて考察します。また、リーダーが実践すべきマネジメント手法として「ＨＹＰＥＲ」を提案します。

まず、デジタル変革を目指すアジャイルビジネス組織に必要な人財について整理しておきましょう。デジタル変革プロジェクトには、自社のビジネスの構造や顧客課題を深く理解したビジネスサイドの人財と、デジタル技術を使いこなす技能を有するテクノロジーサイドの人財がどちらも必要です。前者は、サービスの企画・立案・推進を担う**サービスデザイナー**、業務設計をする**業務スペシャリスト**です。後者は、クラウド上でソフトウェアをアジャイルに設計・開発・実装する**プログラマー**、それを支えるインフラを設計・実装する**基盤エンジニア**、さまざまな統計手法やＡＩを活用してデータを分析する**データサイエンティスト**です。さらに、プロジェクト内で開発チームを統括する責任者として**プロダクトマネジャー**も必要です。「プロダクトマネジャー」という名前が示す通り、デジタル変革プロジェクトは、顧客に提供する製品やサービスを生み出すためのチームとして構成されるのです。

デジタル変革を成功させるために重要なのが、こうしたチームの活動を促進する変革リーダーとしての役割を果たす**マネジメント人財**です。マネジメント人財は、顧客への提供価値を最大化するという目的に向かって、企画、開発、実装を高速なサイクルで回すためのマネジメント全般を担います。

デジタルサービスの開発と絶えざる改善を通じて顧客への提供価値を継続的に向上させていくためには、ビジネス人財にも、得られたデータを解読する能力が求められますし、テクノロジー人財も新たな技術をどんどん取り入れながら使いこなすスキルが求められます。特に、リリース後もソフトウェアを追加開発しなければならないので、クラウド上で開発できるプログラマーは一定数を社内に確保する必要があるでしょう。

自社に不足しているケイパビリティは何らかのかたちで社外から調達しなければなりませんから、ＩＴサービス会社やコンサルティング会社への依頼や、高い専門技能を持つエンジニアの採用を検討する企業もあるでしょう。その場合も、「目的は、目の前のプ

図表5-1｜デジタルによるビジネス変革に必要な人財

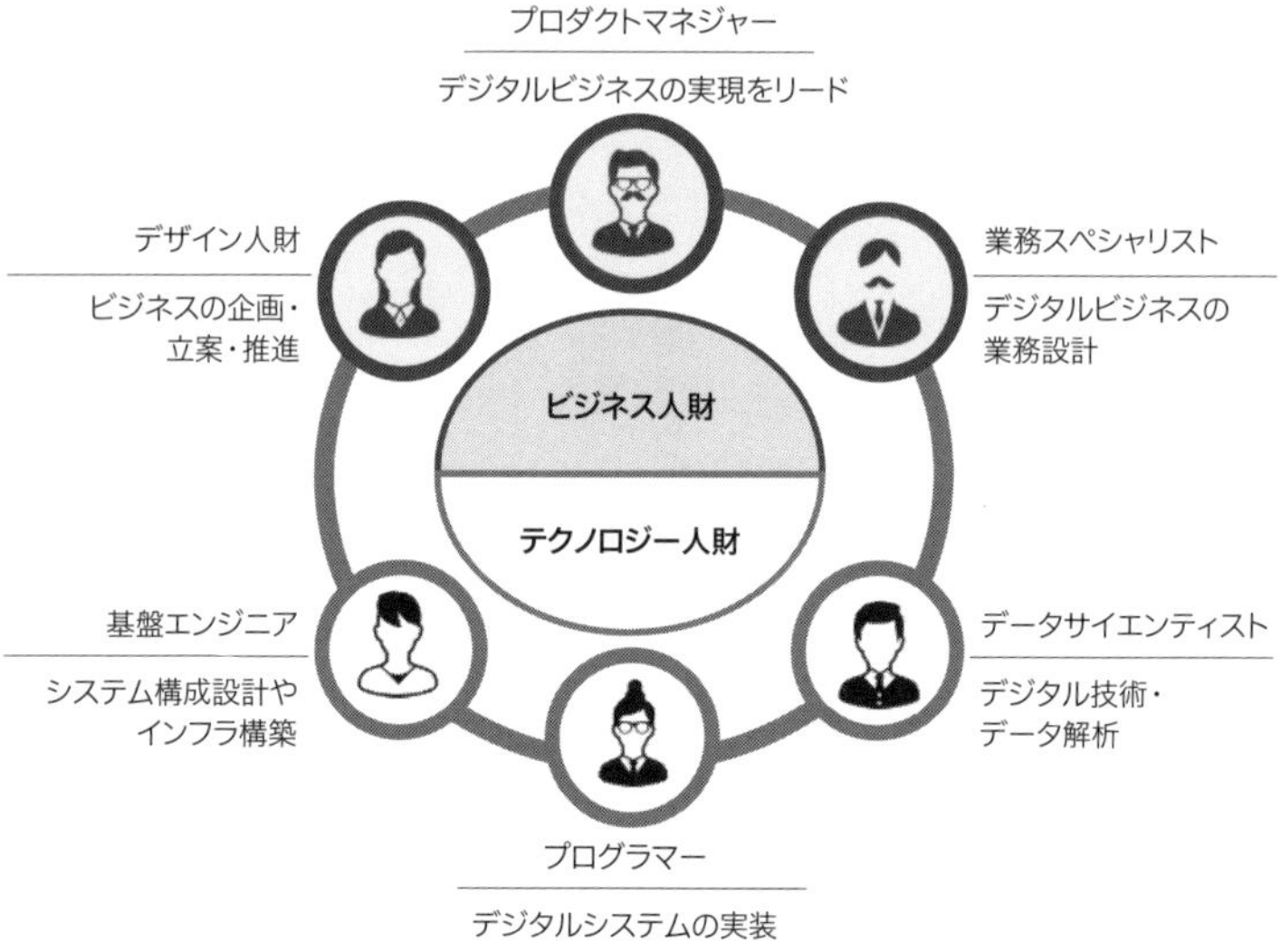

プロダクトマネジャー
デジタルビジネスの実現をリード
デザイン人財
ビジネスの企画・立案・推進
業務スペシャリスト
デジタルビジネスの業務設計
ビジネス人財
テクノロジー人財
基盤エンジニア
システム構成設計やインフラ構築
データサイエンティスト
デジタル技術・データ解析
プログラマー
デジタルシステムの実装

ロジェクトを回すことではなく、デジタル変革を成功させることである」という視点を忘れることなく、どんなケイパビリティは社内に確保すべきで、どんなケイパビリティは必要に応じて外部から調達すればいいのかをきちんと整理しておく必要があります。

デジタル人財とＩＴ人財はどう違うか

「デジタル人財」には、これまで主に社内の業務支援システムの構築に携わってきた「ＩＴ人財」とは異なるスキルが求められます。

ＩＴシステムの開発プロジェクトにおいては、要件定義は社内のメンバーが中心に行い、設計や開発はＩＴベンダーに委託する、というやり方が一般的でした。ＩＴシステムの構築においては、業務とシステムの結節点となる「要件定義」が極めて重要です。要件定義の工程で、例外処理などを含むシステムの要件がきちんと網羅的に検討されていない場合、受け入れ試験の工程で機能の追加が発生したり、できあがったシステムの使い勝手が非常に悪くなったりするからです。企業内のＩＴ人財の最重要スキルは「高品質の要件定義ができること」と言っても過言ではないのです。

そのため、ビジネス人財には、現場の業務の深い理解だけでなく、テクノロジーで何が実現できるかを理解したうえで、業務部門やＩＴベンダーとの調整を進めて適切に要件定義できる能力が求められました。また、テクノロジー人財にも、ＩＴスキルをベースに、システムの設計・開発工程におけるＱＣＤを管理してシステム開発をリードし、できたシステムの運用にスムーズにつなぐ能力が求められました。いずれにせよ業務とＩＴ双方の知見が必要になるため、ＩＴ人財の育成にあたっては、業務部門とＩＴ部門の人事ローテーションが有効施策の一つです。

一方、デジタル変革プロジェクトでは、戦略やコンセプトづくりはサービスデザイナーや業務スペシャリストが担いますが、並行して基盤エンジニアはインフラを整え、プログラマーが実装とトライアルを進め、結果をデータサイエンティストが分析し、それを踏まえてデザイン人財と業務スペシャリストがサービスを改善し……というサイクルを何度も回します。

システム開発ではビジネス人財とテクノロジー人財の工程は時間軸上で分担されていましたが、デジタル変革プロジェクトでは、それぞれの専門領域に合わせた役割分担はあるものの、基本的にワンチームでサービスをスパイラル状に成長させていくという違いがあるのです。そして、システム開発では「サービス開始」がゴールですが、デジタ

図表5-2｜これまでのIT導入で求められた人財の育成

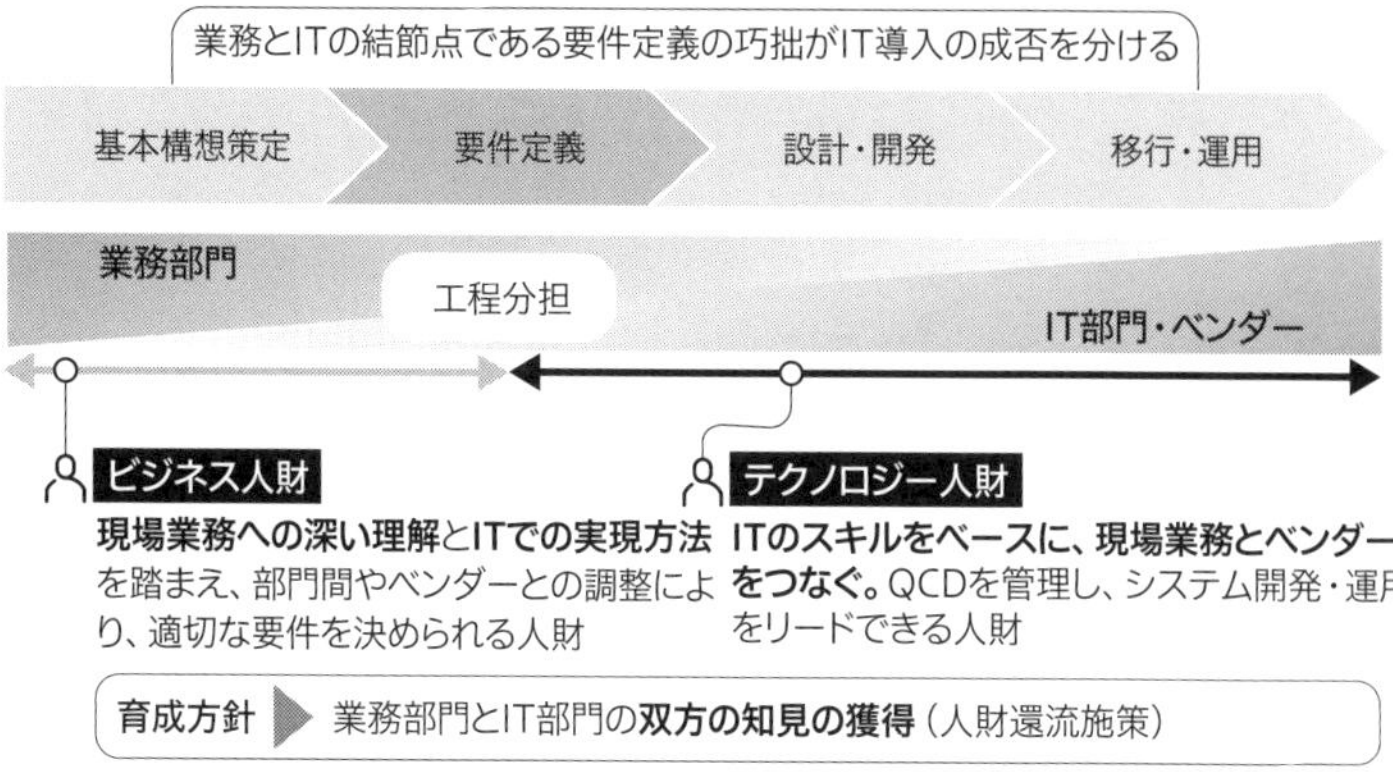
業務とITの結節点である要件定義の巧拙がIT導入の成否を分ける
基本構想策定
要件定義
設計・開発
移行・運用
業務部門
工程分担
IT部門・ベンダー
ビジネス人財
現場業務への深い理解とITでの実現方法を踏まえ、部門間やベンダーとの調整により、適切な要件を決められる人財
テクノロジー人財
ITのスキルをベースに、現場業務とベンダーをつなぐ。QCDを管理し、システム開発・運用をリードできる人財
育成方針
業務部門とIT部門の双方の知見の獲得（人財還流施策）

図表5-3｜DXに必要な人財と育成

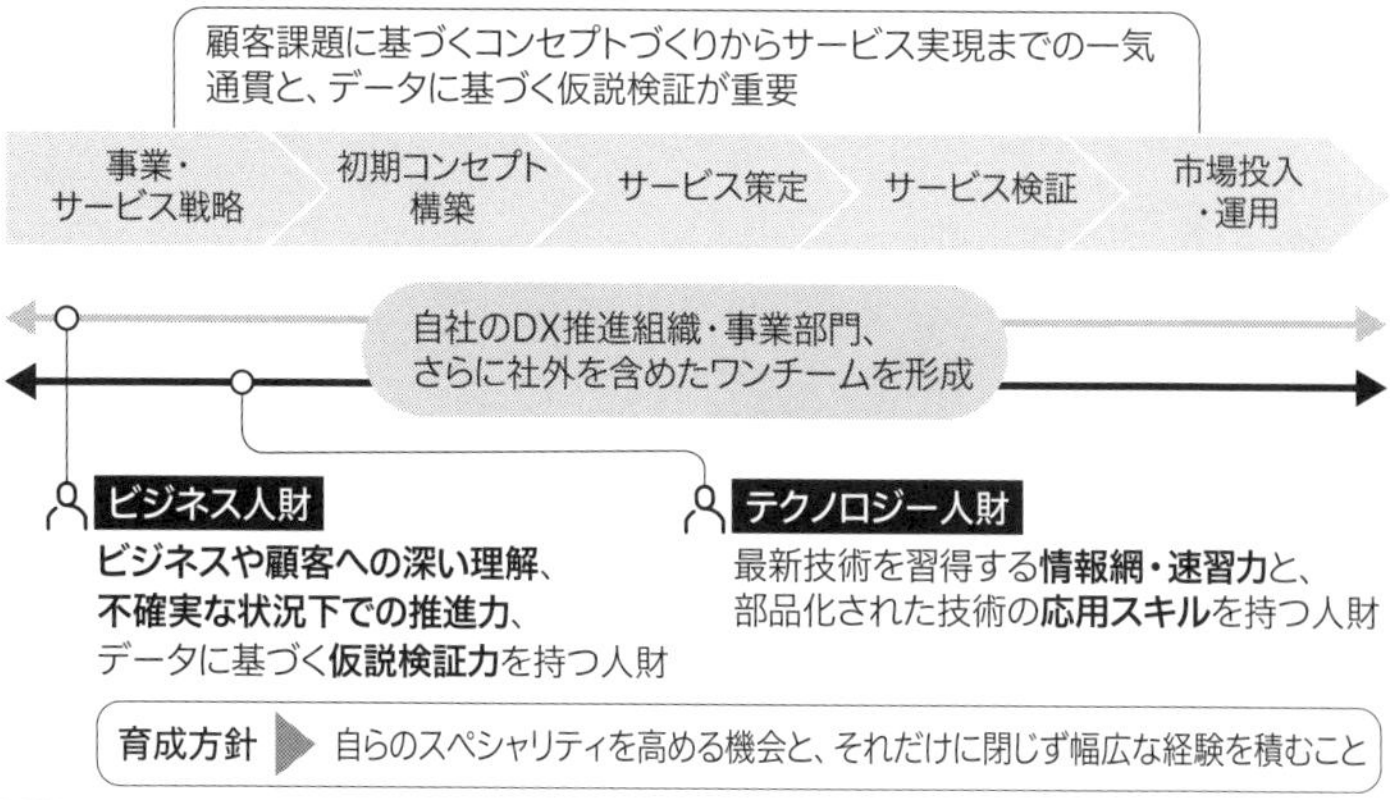
顧客課題に基づくコンセプトづくりからサービス実現までの一気通貫と、データに基づく仮説検証が重要
事業・サービス戦略
初期コンセプト構築
サービス策定
サービス検証
市場投入・運用
自社のDX推進組織・事業部門、さらに社外を含めたワンチームを形成
ビジネス人財
ビジネスや顧客への深い理解、不確実な状況下での推進力、データに基づく仮説検証力を持つ人財
テクノロジー人財
最新技術を習得する情報網・速習力と、部品化された技術の応用スキルを持つ人財
育成方針
自らのスペシャリティを高める機会と、それだけに閉じず幅広な経験を積むこと

ル変革プロジェクトにとっては、サービス開始のタイミングはむしろスタートラインともいえます。実際の運用が始まった後も仮説検証と改善のサイクルを回し続け、顧客獲得や売上といったビジネスの成果を出すことを目指さなくてはいけないからです。

デジタル変革プロジェクトでは、顧客課題に基づくコンセプトづくりから、サービスの市場投入までを一気通貫で行うことが重要ですし、ビジネス成果を上げるためには、その後もデータに基づくサービス改善を続ける必要があります。工程ごとに部分的な完成を積み上げていくのではなく、すべてのメンバーがワンチームで全工程に関わっていかなくてはならないのです。そのため、各領域のスペシャリストには自分の専門外のことも理解できるマルチなスキルが必要ですし、これらを束ねるプロダクトマネジャーも重要な役割を果たします。

ビジネス人財が業務や顧客を深く理解していることは当然として、不確実な状況でもプロジェクトを前に進める推進力や、データに基づく仮説検証能力も新たに求められるようになるでしょう。また、テクノロジー人財には、クラウド等で次々と新しいサービスが出てきますので、主体的に最新技術を取得する情報収集力や学習力が求められます。特にデータサイエンスはビジネスとテクノロジーがクロスする領域です。ビジネス人財はデータからビジネス的な意味を見出さなくてはいけませんし、テクノロジー人財はビジネス的な意義を理解してデータ分析しなくてはいけません。

このように、どの領域の人財にも、新たなスキルの獲得が必要になるため、知識習得のためのOFF‐JTと、現場の実践のOJTを組み合わせた育成プログラムを導入し、社内人財のリスキルを進める必要があります。

社内でデジタル人財を育成するためのプログラム

前述したように、デジタル変革においては、ビジネス人財である業務スペシャリストやサービスデザイナーにもデータ分析のスキルが求められます。もちろん、高度な手法を用いた分析はデータサイエンティストに任せればいいのですが、分析結果をマーケティング、販売、生産などの業務知識を前提にしてさまざまな角度から検討してビジネスに役立てるのはビジネス人財の役割です。

幸い、データ分析ツールの充実とともに、予測、検知、要因分析、最適化などはその道の専門家でなくても比較的容易にできるようになっており、小売業では需要予測、プロモーション効果分析、在庫最適化の領域で、製造業では故障予測、異常検知、生産最

図表5-4｜新たに求められるスキル

人財	新たに求められるスキル
ビジネス人財	・サービスデザイン ・データ分析
テクノロジー人財	・アジャイル開発 ・クラウド／AI／ITアーキテクト ・セキュリティ
マネジメント人財	・アジャイル開発のマネジメント ・フラットなチームマネジメント ・デジタル技術活用による事業変革推進

適化などの領域で特に活発に活用されています。ビジネス人財がこれらを活用するには、統計学の基本知識（相関分析、因果分析、最適化手法）やＡＩ（機械学習）の基本、分析ツールの操作や活用法などを学ぶ必要があります。また、個人のスキルアップだけでなく、組織全体のデータ分析力を上げるという観点から、データ分析に基づいて実施した施策の結果を社内に広く共有することも大切です。

ある企業の例では、２０１８年から、マーケターをデジタルマーケターにスキルアップするカリキュラムとして、統計分析や最適化、機械学習の座学と、データ分析ツールの演習を組み合わせた数か月間にわたるデータ分析研修を実施しています。

ＯＦＦ－ＪＴでは、ビジネス人財に求められる

データ分析スキル向上につながるプログラムを幅広く用意し、マネジャーと受講者が相談して必要なプログラムを組み合わせて受講できる構成になっており、課題の把握→分析方針の決定→データの収集→データ分析→分析結果の考察→施策の実行、という一連の流れをロールプレイしてスキルアップを図ります。

ＯＪＴでは、データ分析に基づくマーケティング施策を実際に打ち、想定通りの結果が得られるかどうかを検証します。モチベーションを高めることを目的に社内認定制度もつくり、自習用のｅ－Ｌｅａｒｎｉｎｇ環境も整備されています。この企業では取り組みを始めて約3年間で、データサイエンティストを約３００人育成しています。

テクノロジー人財には、クラウド上でのアジャイルなサービス開発とその継続的な改善、というデジタル変革プロジェクトにマッチしたスキルが求められます。プログラマーであればアジャイル開発やクラウド用のツールを活用するスキル、基盤エンジニアであればクラウド基盤でインフラが構築できるスキルが必要になるのです。またデータサイエンティストには、データを適切なアルゴリズム（機械学習含む）で分析できるスキルが必要です。

既存のＩＴシステムのシステムエンジニアを、デジタル変革プロジェクトで活躍できるテクノロジー人財にリスキルするために、当社では、既存のシステムエンジニアを2年間の期限付きでデジタル変革プロジェクトの現場へ異動させて、ＯＦＦ‐ＪＴでの知識習得とＯＪＴでの実経験をみっちり積んでもらう「リスキルカリキュラム」を導入しています。そして2年後に元の職場に復帰して、デジタル変革プロジェクトをリードしながら、他のメンバーをデジタル人財として育成するのです。ＯＦＦ‐ＪＴにおいても一方的な講義スタイルではなく、数週間にわたってケース研修を行う実践的な内容としており、それぞれが必要とする専門領域を短期集中で学べるようにしています。

デジタル変革プロジェクトを推進するリーダーの役割

ここまで、主にデジタル変革プロジェクトで活躍できるスペシャリストに求められるスキルと育成について述べてきましたが、デジタル変革プロジェクトを推進するうえで最も重要な人財は、こうしたスペシャリストをワンチームに束ねて、サービスの企画から実装、その後の改善まで一気通貫で実現させるリーダーです。具体的には、このリーダーの役割を、プロダクトマネジャーが果たすことになります。

デジタル改革には「ビジネスとテクノロジー双方がわかるリーダーが必要」ということはよくいわれますが、ここでは解像度をさらに高めて、①企画、②開発、③運用の各フェーズにおけるプロダクトマネジャーの役割と求められるリーダーシップについて細かく書き出してみます。

①企画フェーズでの役割——顧客価値リ・インベンション戦略の実践

企画フェーズにおいて重要なことは、アジャイルビジネス組織で推進するプロジェクトに、既存ビジネスの強みを取り込むことです。具体的には、第3章で述べた「顧客価値リ・インベンション戦略」をコアメンバーとともに実践するセッションを設けてメソッドを順に実践するのです。セッションには、必要に応じて既存業務を担当している社員や、外部の専門家（市場動向、デジタルテクノロジーなど）をアサインすることも必要です。

最初にすべきは「現状ビジネスの解剖」です。現状の製品やサービスが顧客の課題解決をどのように支援し、顧客からどう評価されているのか、そして、現状の製品やサービスでは解決できていないことは何かをコアメンバーと共有します。業務スペシャリストにとっても、このようなかたちで事業全体を理解する機会はあまりありません。これは、コアメンバーが共通の視点を持つために非常に重要なステップといえます。

さらに、市場が今後どのように変化していくのか、デジタル技術の進展や規制の動向、社会の動きなどを踏まえながら、5～10年後の自社の未来の事業にインパクトを与える可能性のある要素について議論し、共通認識をかたちづくります。

こうした現状と未来の検討を踏まえ、いよいよ顧客の真の課題解決に必要な製品やサービスを検討します。そして、顧客のアクティビティをできるだけ代替しながら顧客の手元にサービスを届けるためのサプライチェーンも検討します。それらのアイデアや方策が「顧客価値の向上」という目的に合致していることをレビューするのはリーダーの大きな役割です。

具体的なサービス像が固まれば、コスト構造を把握して収益モデルを考えます。自社ですべてをまかなえない場合は他社との連携の検討も必要です。また、サービスモデルには改善に生かせるデータの収集や蓄積の仕組みを埋め込むことも重要な視点です。

また、事業の目論見を立てる必要があります。精緻な事業計画である必要はありませんが、最終的に達成すべきＫＰＩとそれに至る途中のＫＰＩを明確にし、それに基づいた撤退基準を決めておくことが必要です。

②開発・実装フェーズの役割――ビジョン重視でチームをマネジメント

開発フェーズでは、まず、サービスの開発・実装を進めるチームを構成しなくてはなりません。プロダクトマネジャーがサービス全体の責任者となり、配下の各スクラムチームにチームリーダーを配置します。スムーズにチームを動かすために、チームにどんなスキルを持つ人財が必要かを明らかにし、プロジェクト発足前に開発規約や運営ルールを策定します。また、役割分担、規約や会議体などのルールの明確化や共有も必要です。ただし、設計の柔軟性を高めるために、開発プロセスそのもののルールは最小限にします。

プロジェクトの成功のためには、取り組もうとしているビジネスのミッションやビジョンの浸透が欠かせません。これは一方的に画一的な情報を発信するだけでなく、1対1を含むこまめなミーティングを設け、インタラクティブで密なコミュニケーションを通じて、常にチーム全体で共有できている状態をつくることが重要です。

ミッションやビジョンを反映したプロジェクト計画も立案しなければなりません。ここでは正確性より、プロダクトマネジャー自身の思いやマネジメントの基本的な方針が表現されていることを重視します。初期から完璧なものを目指さず、継続的に変更更新できる構造にしておくことも大切です。全体の計画は各チームの計画としてブレイクダウンし、チームは実装のための作業をスプリントに分割します。

開発現場のマネジメントはチームリーダーの役割ですが、プロダクトマネジャーは責任者として定期的にレビューなどに参加し、必要や目的に応じた修正を加えます。

③事業拡大フェーズの役割——既存組織と連携しながら顧客に届ける

新規事業は、事業として軌道に乗せてこそ意味があります。プロダクトマネジャーは、事業計画をアクションプランに落とし込み、既存組織と連携して推進していく体制を、責任を持って構築します。

サービスを事業として成立させるために販売計画やコストを精査し、月次、週次、あるいはもっと短期の顧客獲得目標を明確にして達成のためのアクションプランを作成します。利益を出すには時間がかかるため、事業の状況を把握するためのKPI設定は必須ですし、このKPIを基準に撤退基準も決めておく必要があります。

新規サービスの開発・実装は、アジャイルビジネス組織が中心に行うとはいえ、既存の顧客に広げようとすれば既存組織を巻き込んでリソースを活用する必要も出てきます。目標達成にコミットする責任者は、サービスを企画したプロダクトマネジャーとするのが原則です。企画責任者と事業推進責任者が別になると企画の熱い思いがうまく伝わらず、事業をどうしても成功させたいという意志が薄くなってしまうからです。

撤退基準や、既存リソースの活用、リーダーが行使できる権限範囲などについては、あらかじめ経営層の承認をとっておくことも重要です。ただし、承認が得られたからといって関連部署の協力が保証されたわけではありません。プロダクトマネジャーは、関連部署のキーマンと密なコミュニケーションを取りつつ、経営層にも定期的に報告するといった目配りが求められます。

図表5-5｜DXリーダー「リ・インベンションリーダー」に求められる能力

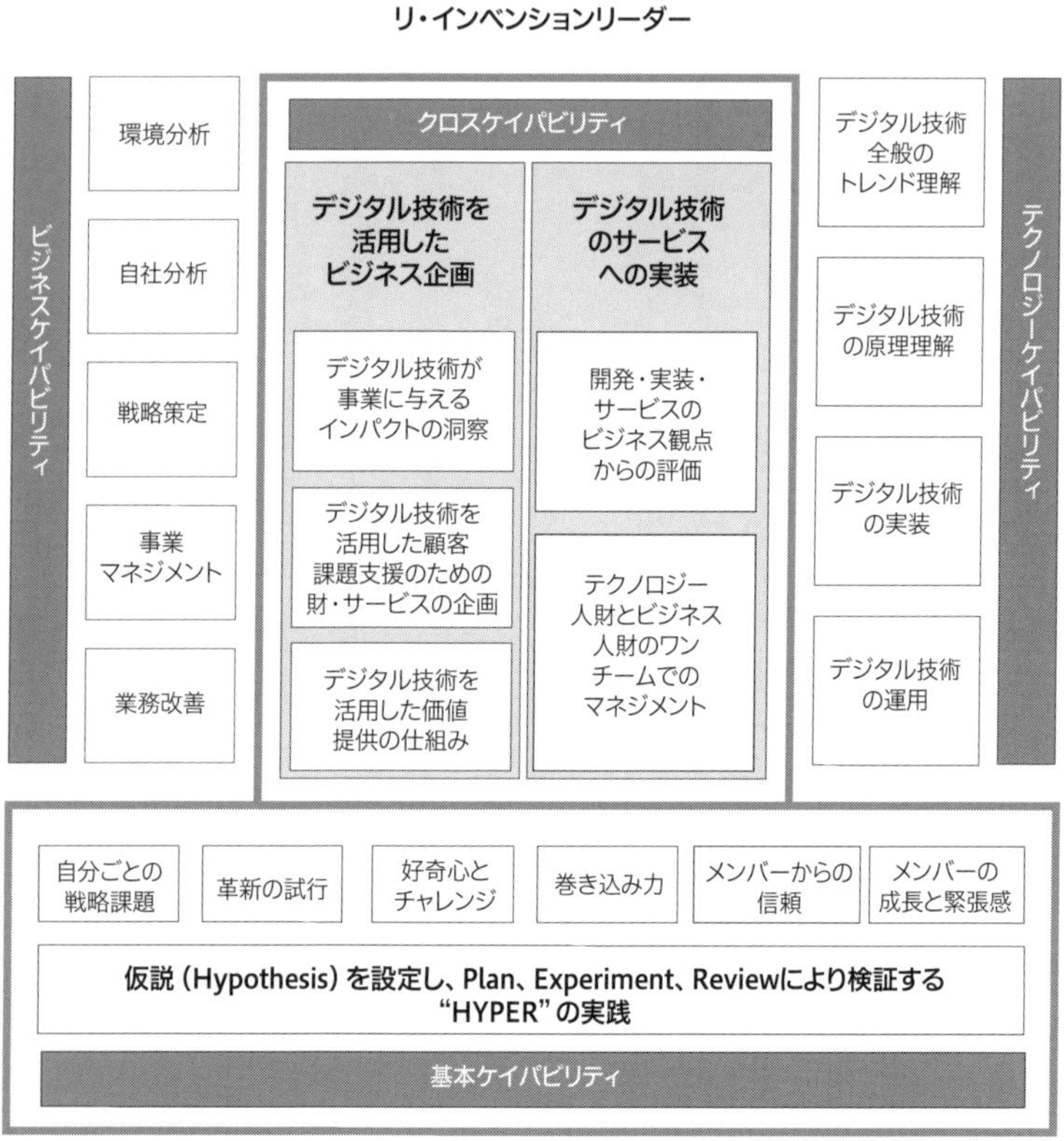
リ・インベンションリーダー
ビジネスケイパビリティ
環境分析
自社分析
戦略策定
事業マネジメント
業務改善
クロスケイパビリティ
デジタル技術を活用したビジネス企画
デジタル技術が事業に与えるインパクトの洞察
デジタル技術を活用した顧客課題支援のための財・サービスの企画
デジタル技術を活用した価値提供の仕組み
デジタル技術のサービスへの実装
開発・実装・サービスのビジネス観点からの評価
テクノロジー人財とビジネス人財のワンチームでのマネジメント
デジタル技術全般のトレンド理解
デジタル技術の原理理解
デジタル技術の実装
デジタル技術の運用
テクノロジーケイパビリティ
自分ごとの戦略課題
革新の試行
好奇心とチャレンジ
巻き込み力
メンバーからの信頼
メンバーの成長と緊張感
仮説（Hypothesis）を設定し、Plan、Experiment、Reviewにより検証する“HYPER”の実践
基本ケイパビリティ

デジタル時代の新しいリーダーへ
――リ・インベンションリーダーの育成

デジタル変革プロジェクトを成功させるためには、プロジェクトをまとめるプロダクトマネジャーや、それらを束ねる責任者としてCPO（チーフプロダクトオフィサー）などの職務が必要になります。彼らには、既存ビジネスとは異なるデジタルビジネスの特性を理解したうえで、必要に応じて既存組織との連携を図りながらプロジェクトを成功に導くリーダーとしての役割・機能を果たすことが求められます。

そうしたリーダーとして活躍できる人財を「デジタル技術を活用して新たな顧客価値を再発明する」という意味を込め、「リ・インベンションリーダー」と名づけたいと思います。

リ・インベンションリーダーには、ビジネスとデジタル技術の両面を理解したうえでビジネスを変革していく、クロスケイパビリティが必要です。具体的には、以下のような能力です。

図表5-6｜リ・インベンションリーダーに求められる基本ケイパビリティ

基本ケイパビリティ	
自分ごとの戦略課題	全社戦略を踏まえた**自分ごとの戦略的課題を設定** シナリオとともにメンバーへ共有
革新の試行	従来のやり方にとらわれず、仮説をもとに**新たなアイデアを実行** **結果を次に生かす**学習習慣を組織に定着
好奇心とチャレンジ	絶えず新しいものに対して**好奇心を持ち**、背景や原理を**自分自身で考える** 楽しんで試してみる**チャレンジ精神**
巻き込み力	**経営層と意思疎通**を図り、他部門・社外とつながる **情報収集・協力関係を構築**
メンバーからの信頼	**"言動一致"や"責任の引き受け（人のせいにしない）"を体現** 「このリーダーの下ならチャレンジできる」と思わせる
メンバーの成長と緊張感	**ストレッチな仕事にアサイン** 粘り強く考えさせ、成功体験を通じた**成長環境**を与える

⇒ これらを身につけるには、①複数業務・複数部署の経験、②若いときに自己の責任で意思決定せざるを得ないポジションの経験、③社外環境（出向・お客さまサイド）での経験、④改革プロジェクトへの参画経験等が必要

①デジタル技術を活用したビジネス企画
・デジタル技術が事業に与えるインパクトの洞察
・デジタル技術を活用した顧客課題支援のための財・サービスの企画
・デジタル技術を活用した価値提供の仕組みの構築
②デジタル技術のサービスへの実装
・開発・実装・サービスのビジネス観点からの評価
・テクノロジー人財とビジネス人財のワンチームでのマネジメント

しかし、デジタル変革を成功させるためのクロスケイパビリティだけでは、プロジェクトをひとつにまとめて、新しいチャレンジを最後までやり抜くためのリーダーシップをまかなうことはできません。私が多くのプロジェクトを通じて感じていることは、デジタル変革を成功させてきているリーダーには共通する能力があるということです。既存の事業とは異なる領域でチームをリードするには、「人間力」ともいうべき「基本ケイパビリティ」が必要なのです。

第1に、**自分ごとの戦略課題**です。全社の戦略と自分のチームの行動をどう関係づけるかが、全社改革のためには不可欠です。これがないと経営層からチームの活動に対して理解、支援も得られませんし、チームメンバーも何のためにチャレンジしているのか理解できず、チームの総力をひとつにすることができません。全社戦略を自分のミッションに照らして戦略的課題へブレイクダウンし、自分の言葉でストーリー化し、チームメンバーと共有できることが大事なのです。

第2に、**革新の試行と組織学習**です。デジタル変革においては、従来のやり方にとらわれることなく新しいアイデアを試行、実装してビジネス成果を出していくことが求められます。チャレンジ精神は当然必要ですが、ただチャレンジすればよいのではなく、仮説を立ててチャレンジし、その結果を次に生かし、成功確率を上げていくマインドを組織に定着させることも重要なのです。リーダーには、チームを新しいことにチャレンジさせる革新のリーダーシップだけでなく、仮説、試行、検証、改善という組織学習を促進するマネジメント力が求められます。

第3に、**好奇心と新しいことへのチャレンジ**です。デジタル領域では、新しい技術が信じられないほどのスピードで次々に生まれてきます。ときにはそれによってこれまでの努力が無になることもありますが、それでも新しい技術に可能性を見出して新しいサービスを生み出し続けなくてはいけません。常に未知の状況に対する好奇心を持ち、その背景にある原理を洞察し、自分のアイデアを加えながら変化を楽しむマインドで前を向き続けるチャレンジ精神が必要なのです。

第4に、**巻き込み力**です。ビジネスを推進するためには、経営層や関係部署を巻き込むことが非常に重要です。誰も反対しそうにない既定路線の企画でも、なぜか失速して実現に至らず立ち消えになってしまうプロジェクトは現実には少なくありませんが、その原因は往々にして「キーマンの巻き込み不足」です。デジタル変革プロジェクトのようにに変革を目指す場合は、なおさら巻き込み力が重要です。そのためには社内人財がリーダーとして活躍することが望ましいのですが、もし外部からスカウトする場合は、社内的な政治力の不足を経営層が強くサポートして補完する必要があります。

また、先進事例や他社の動向といった情報収集も大事ですし、支援してくれるパートナーや、同様の課題を持つ人とのリレーション、支援してくれるパートナーとのリレーションなど、外部にネットワークを築く力も重要です。

第5に、**メンバーからの信頼**です。新しいチャレンジには反発がつきものです。特に本書で語っているようなデジタル変革プロジェクトは、これまで実績を出してきた既存事業部門に方法の変更を迫ることになりますから「将来的にはデジタル変革は不可欠」という大前提をいくら共有していたとしても、「いますぐは無理」「簡単にはできない」「ここは変えられない」といった反応が出てくるのはやむを得ません。リーダーは「それでも逃げずにやり切る」という姿勢をいかに見せられるかが問われます。チームメンバーは、リーダーの言動を日頃からよく見ています。自分たちの前でいくら調子のいいことを言っていても、相手によって言うことが変わったり、いざという場面で逃げたり、失敗したときに部下に責任転嫁したりすれば、一瞬で信頼を失うでしょう。特に社内に反発が起きるようなプロジェクトにおいては、推進する立場のリーダーが目的意識をはっきりと持ち、常日頃から一貫した言動を積み重ねていかなければ、メンバーは「このリーダーの下ならチャレンジできる」という確信が持てませんし、大きな推進力は得られません。

第6に、**メンバーの成長と緊張感**です。向上心の高いメンバーは、仕事を通じて成長したいと思っています。難度の高い仕事でも、それを通じて成長できると信じられるならモチベーションを維持できるのです。デジタル変革プロジェクトはまさに新しいチャレンジですから、リーダーがプロジェクトの意義を周知し、ちょっと達成が難しいと感じるぐらいストレッチな（背伸びした）目標を与えることが成長機会を与えることにつながるのです。そのために、目標達成のために何をどうすればいいのか、また、達成できた（あるいは未達成に終わった）場合も、原因までしっかり本人に考えさせることが重要です。チームワークは大切ですが、それは馴れ合うことではありません。成功のためにチーム内の緊張感を維持できることがリーダーには求められるのです。

ここまで、リ・インベンションリーダーに必要な能力として、①自分ごとの戦略課題、②革新の試行と組織学習、③好奇心と新しいことへのチャレンジ、④巻き込み力、⑤メンバーからの信頼、⑥メンバーの成長と緊張感、の6つを挙げました。これらは、それぞれが独立しているわけではなく、人によって強弱はありつつも、リーダーと呼ばれるにふさわしい人が統合的に備えているものです。

では、こうしたリ・インベンションリーダーはどのようにすれば育成できるのでしょうか。社内で変革リーダーと認められている人財や私がプロジェクトをご一緒したお客さまの変革リーダーは、以下のような共通のキャリアを持っていることが見えてきました。

①複数の業務、複数の部署の経験

営業部門と生産部門、生産とスタッフなど、複数業務、複数職務を経験すると、事業の一部の機能や工程からの見方ではなく、事業全体を見る目を養うことができます。

②自分の責任で意思決定せざるを得ないポジションの経験

新規ビジネスのリーダーや新組織の立ち上げの責任者などにアサインされると、自分の責任で意思決定せざるを得ません。反対意見を持つ人の説得や経営幹部との調整が求められ、リーダーとして組織を動かすノウハウ、メンバーを動機づけることが必要であることを実感します。

③社外環境（出向、お客さまサイド）での職務経験

子会社への出向や、お客さまとのジョイントビジネスへ参加すると、考え方やカルチャーの異なる人々と、自分の思いを理解してもらうために対話し、合意形成を図っていくコミュニケーション力、リーダーシップが求められます。更地の世界で自分のことをわかってもらう経験は、今後ますます重要となります。

④改革プロジェクトのメンバーとしての参画経験

社内改革プロジェクトや、組織横断プロジェクトに参画すると、改革を進めるための社内政治力学をいやがおうにも実感します。改革プロジェクトを進めるにあたって、誰の了解をどう取っておくべきか、どのような順序で社内オーソライズするのがよいのかを実体験として理解できます。アイデアはいいのに途中で企画が頓挫して悔しい思いをしたことがあれば、これらの重要性を実感として理解しているものと思われます。第三者ではなく、当事者として真剣に取り組んだ経験は大きな力になります。

マネジメントサイクルは、PDCAからHYPERへ

デジタル変革プロジェクトにおいては、仮説を設定して試行し、その結果から学習し、次の改善に生かすことが大切であり、そのサイクルの繰り返しこそが、ビジネスの成長はもちろん、人と組織の成長も促します。

これまで、主に製造現場で安定した品質管理の効果を発揮してきたマネジメントサイクルにPDCA（Plan→Do→Check→Act）があります。しかし、これまで述べてきたような人財が活躍するデジタル環境においては、PDCAには含まれていない「仮説検証」と、それによって学び、成長する「学習」の要素が非常に重要です。

そこで、私はアジャイルビジネス組織において有効なマネジメントサイクルとして「HYPERサイクル」を提案したいと思います。つまり、サービスやKPIの向上に

図表5-7 | HYPERサイクル

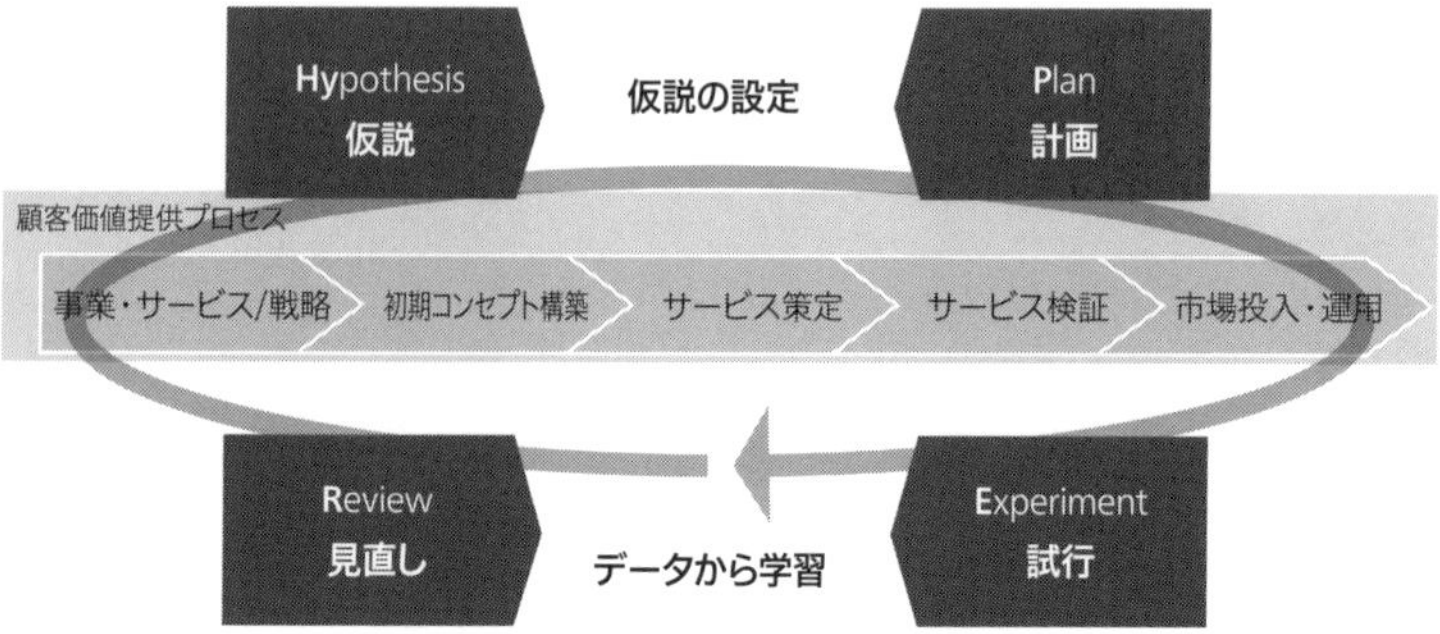
Hypothesis
仮説
仮説の設定
Plan
計画
顧客価値提供プロセス
事業・サービス/戦略
初期コンセプト構築
サービス策定
サービス検証
市場投入・運用
Review
見直し
データから学習
Experiment
試行

つながる仮説（Hypothesis）を立て、それの実施計画（Plan）を策定し、その計画に基づいてサービスを試行・実験（Experiment）し、仮説としていたKPI等の達成がどうであったか、なぜ仮説通りに結果が出なかったかを検証（Review）するマネジメントサイクルを回すのです。リ・インベンションリーダーは、この新たなマネジメントサイクルを理解し、実践をリードする存在なのです。

第6章

デジタル変革を全社に広げるために

これまで述べてきたように、大企業のデジタル変革は、価値創出に特化した独立型のアジャイルビジネス組織を立ち上げるところから始まります。新組織は、既存組織とは価値観も、適したマネジメントも大きく異なるため、価値創出のパワーを最大化するためには、「顧客価値のリ・インベンション」の観点から最適な独立と連携が重要である——ということも、ここまでの章で強調してお伝えしてきました。

しかし、これだけでデジタル変革が完結するわけではありません。デジタル変革プロジェクトをひとつ軌道に乗せることに成功したら、経営の次なる課題は「デジタル変革プロジェクトを担うチームをいかに増やしていくか」あるいは、「デジタル変革で得たノウハウを既存組織にフィードバックし、いかに全社規模に広げるか」に移っていきます。

経営者には、絶えず新たなサービスやビジネスを企画して、拡大させていく、つまり「事業立地を開拓し続ける」ことが求められるのです。しかし、その必要性を浸透させないまま全社を一気に改革しようとすると、十分に共感できていない既存事業に携わる社員のモチベーションが下がりかねませんし、変革そのものが目的化してしまう場合もあります。事業立地を絶えず開拓し続け、変革し続ける社内文化を生み出していく必要があるのです。

そこで、本書の締めくくりとなる本章では、改革の端緒となる独立型デジタル変革プロジェクトの成功を全社に広げることで、「変革し続けられる企業」「成長し続けられる企業」へ進化するための方法論を整理します。デジタル変革を全社展開していく取り組みは、当社でも、いままさに現在進行形です。変革の渦中にいる経営者の一人として、私自身がその実践から学んだことも合わせてお伝えしたいと思います。

「人」を軸に、プロジェクトを増殖させる

デジタル変革プロジェクトの成果が表れ始めたら、同様のプロジェクトを次々に立ち上げ、イノベーションの連鎖を途切れさせないことが大事です。私は、「のれん分け」と称して、成功したデジタル変革プロジェクトでサブリーダーとして活躍した人財を、新たなプロジェクトのリーダーとしてアサインする、というやり方を繰り返し、成功パターンを連鎖・増殖させることに努めてきました。特に、デジタル変革のニーズが高い顧客接点領域においてのれん分け方式の人財育成を強化し、当社の強みを生かせる領域として、多くのお客さまにサービスを提供することができました。

図表6-1 | **のれん分け**

さらに別の新たなチームのリーダーとしてアサインし、ノウハウを持ったチームを次々につくっていく「のれん分け」を行う

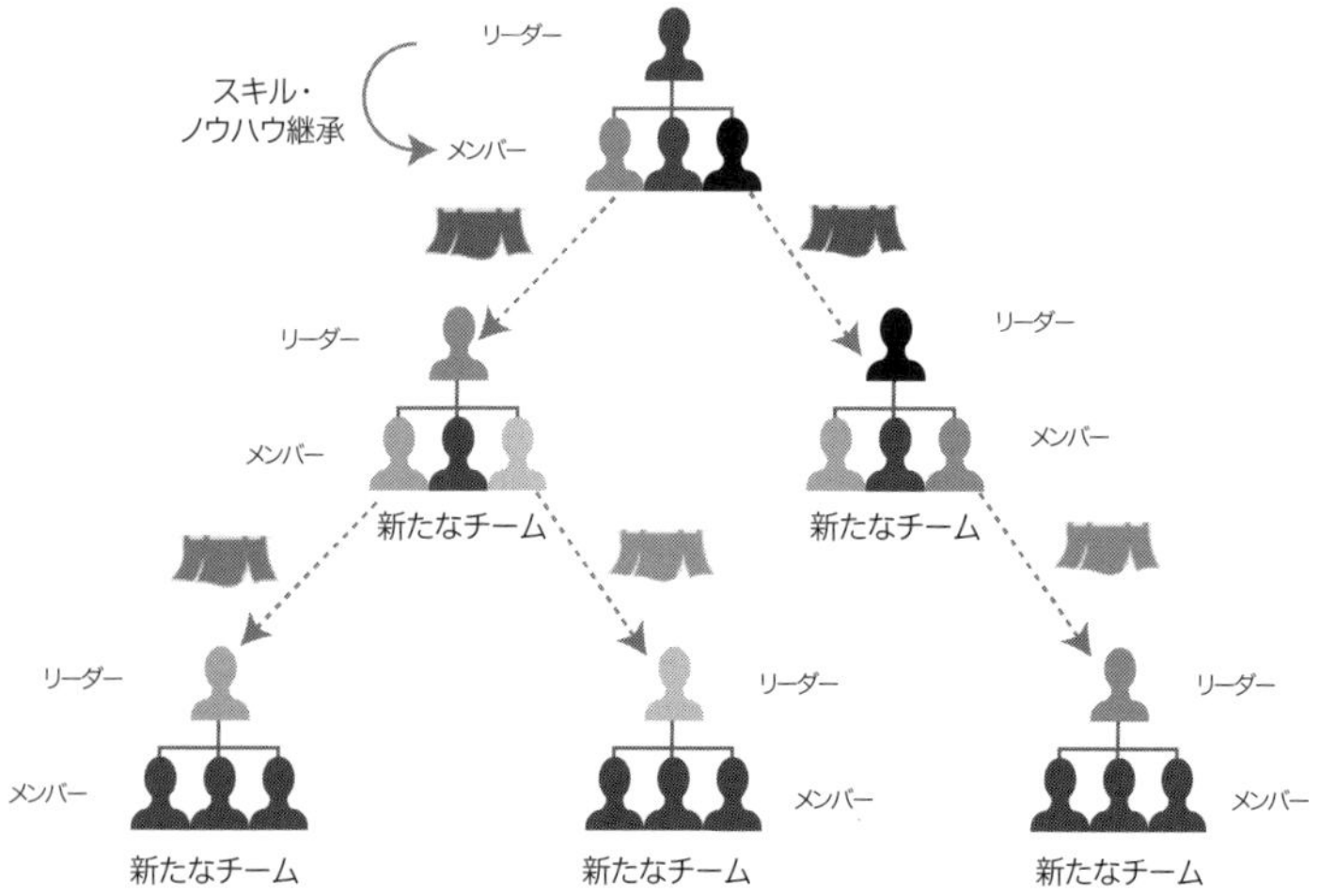

リーダー
スキル・
ノウハウ継承
メンバー
リーダー
リーダー
メンバー
メンバー
新たなチーム
新たなチーム
リーダー
リーダー
リーダー
メンバー
メンバー
メンバー
新たなチーム
新たなチーム
新たなチーム

そのために重要なポイントは、第5章で定義した「リ・インベンションリーダー」を計画的に育成することです。リ・インベンションリーダーが新規事業と既存事業のシナジーを効かせる役割を果たすことはすでに述べましたが、改革を全社に広げるフェーズにおいても、新旧組織をブリッジする重要な存在になるのです。

第5章で述べた通り、リ・インベンションリーダーにふさわしいケイパビリティを身につけるためには、複数業務の経験と、出向や転籍といった「他流試合」の経験が必要不可欠です。デジタル変革の目的は顧客価値のリ・インベンションであり、プロジェクトを推進するためには、顧客価値を起点にサプライチェーン全体を見渡す視野の広さが求められるからです。また、社内の見知った人間だけでコミュニケーションが完結する業務と、カルチャーの異なる社外の人たちとの合意を取りながら進めなければならない業務では、たとえ内容が似ていたとしても、業務を推進する「重さ」には相当の差があります。多様なプロフェッショナルが集結するデジタル変革プロジェクトを推進するときに、その経験が生きるのです。

リ・インベンションは「改革」ですから、どんな決定を下しても多かれ少なかれ否定的な反応が出てきます。「誰もが賛成する改革」はあり得ないのです。それを推進しようとすれば、どんな順序で合意を取り付けていけば道が拓けるか、という「改革の力学」を正確に読み取り、キーマンをきっちり巻き込む力が求められます。表面的なヒエラルキーに注目していても、この力学は見えません。実際に、経営幹部は承認しているのに、事業部門のキーマンが首を縦に振らないのでにっちもさっちもいかない、という状況は頻繁に起きるのです。企画がどれほど素晴らしくても、リーダーの「巻き込み力」を欠いたプロジェクトは途中で頓挫してしまいます。

デジタル変革プロジェクトのノウハウを最大化する

本書では主に、デジタル変革プロジェクトを成功させるための組織と人財について論じてきました。そして、既存組織とアジャイルビジネス組織を安易に融合するのはリスクが高いこと、それぞれの独立性を尊重することが重要であることをたびたび強調してきました。しかし、だからといって既存組織を何も変えなくていいというわけではありません。デジタル変革プロジェクトの企画や事業化には既存組織との連携が不可欠ですし、デジタル変革プロジェクトの実践を通じて得たノウハウは、既存組織にもフィードバックして全社の変革に役立てていくべきでしょう。

図表6-2｜デジタル組織の拡大・展開

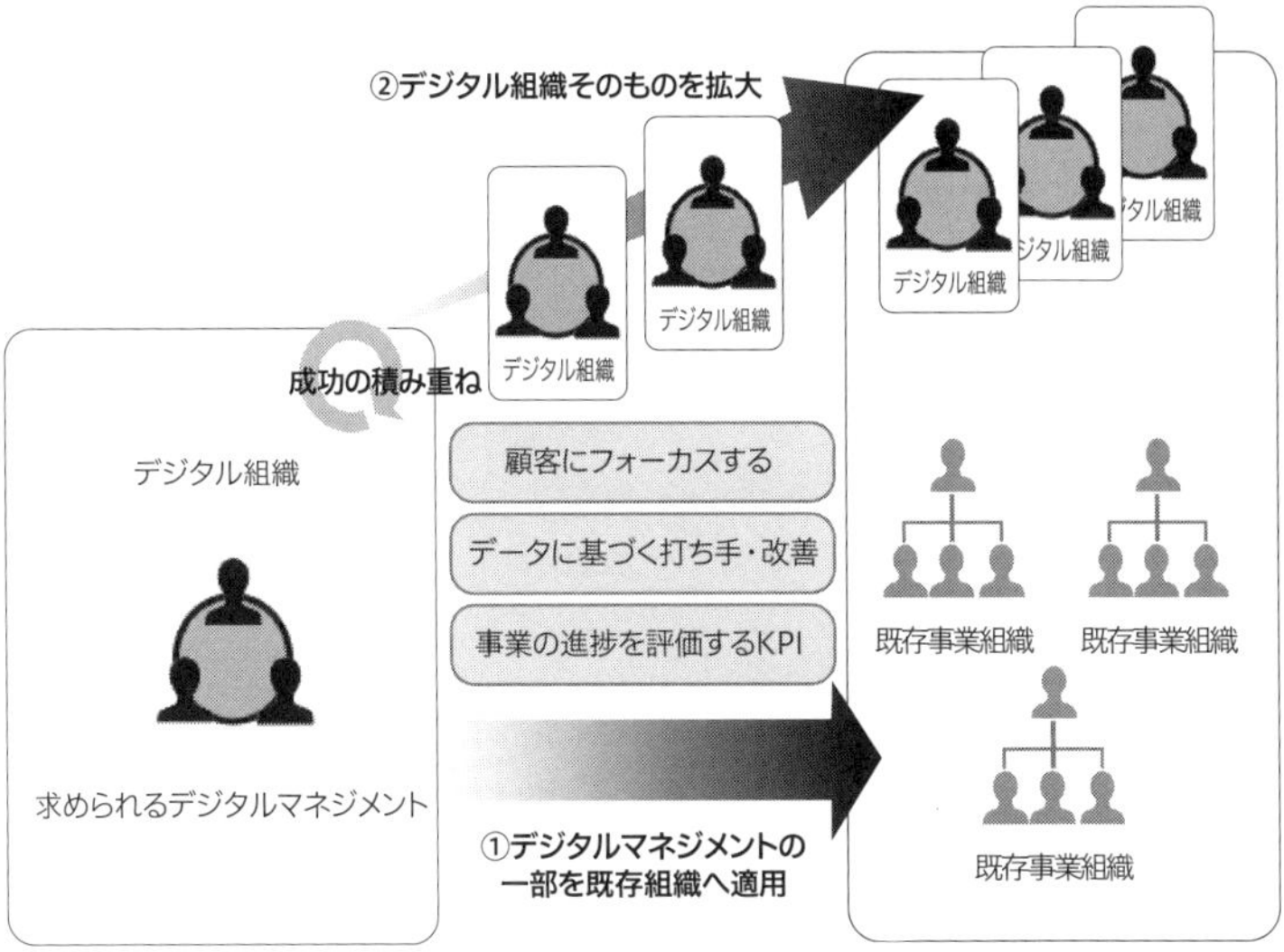
②デジタル組織そのものを拡大
デジタル組織
デジタル組織
デジタル組織
ジタル組織
タル組織
成功の積み重ね
デジタル組織
求められるデジタルマネジメント
顧客にフォーカスする
データに基づく打ち手・改善
事業の進捗を評価するKPI
①デジタルマネジメントの
一部を既存組織へ適用
既存事業組織
既存事業組織
既存事業組織

というのも、第3章で触れたように、少なくとも既存組織には、新組織とやりとりするためのインターフェースを設けるというマイナーチェンジが必須ですし、既存組織のマネジメントにも、時代のニーズに応えるためのアップデートが必要だからです。もちろん、アジャイルビジネス組織と既存組織では特性や強みが大きく異なりますし、特に高品質の財・サービスの製造や高信頼での提供が求められる領域では、既存組織特有の「計画遵守のマネジメント」や「階層型組織」を拙速に変えるわけにはいかないことも事実です。

そこで大切なのが「既存のマネジメントの高度化とスピードアップに貢献するもの」に限って、既存組織に取り入れていくという姿勢です。具体的には、以下の3点は積極的に既存組織にも導入すべきであると考えています。

①顧客にフォーカスする――顧客価値起点と継続的価値向上

デジタル化の進展は、「モノからサービスへ」というビジネスの大きな潮流を生みました。最初はコンテンツビジネスなど限られた領域だけの話でしたが、デジタルの経済原理がビジネスのあらゆる領域を覆い尽くすようになったいま、ものづくり企業においても、顧客起点で価値を設計していく視点がますます重要になっています。

既存の強みに安住せず、さらにその強みを磨いていくために。新しいテクノロジーを積極的に取り入れながら顧客価値を絶えずリ・インベンションしていく戦略は、デジタル変革プロジェクト内だけにとどめておくべきものではなく、既存事業を進化させるためにこそ必要です。

②データに基づく打ち手・改善——データの意味を理解し学習する

いま、特にデジタルに特化していない既存事業内でも、さまざまなデータの取得が可能になっています。これらを死蔵させず活用し、これまで経験に基づいて判断していた部分をデータに基づいた判断に変えていくことは、あらゆる組織が積極的に取り組むべき部分です。経営層が日頃の判断にデータを重視し、社内での議論にデータを要求するようにすれば、組織のメンバーもデータを重視するようになります。経営層の判断スタイルを変えれば、組織は変わっていくのです。

とはいえ、データは生の事実でしかありません。重要なのは、出てきたデータから「何を読み解き、どんなアクションにつなげるか」です。従来の階層型組織では、現場の情報を中間マネジャーが集約し、上位のマネジャーにレポートする役割を担っていましたが、より多様なデータを、より深く活用するためには、既存組織のマネジャーも自ら生のデータを取得し、その意味を読み解くスキルを身につけなくてはいけません。

③事業の進捗を評価するＫＰＩ——仮説から未来を生み出すＨＹＰＥＲサイクル

データの有効活用のために重要なことは、仮説を重要視したＨＹＰＥＲサイクルの導入と、それを評価するＫＰＩマネジメントの実践です。

既存組織では［指示、命令、報告型］のマネジメントが一般化していますが、これに慣れてしまうと、「何のためにやるか」というＷＨＹの意識が薄れて「言われたからやる」という思考停止に陥ってしまうことがあります。これを［仮説、データ、検証型］に置き換えることで、新たな気づきを得るチャンスが生まれるのです。

環境変化に即応すべきという課題意識を持つ企業を中心に、マネジメントをＰＤＣＡ（Plan→Do→Check→Act）から、ＯＯＤＡ（Observe→Orient→Decide→Act）へ変えていこうというかけ声もよく聞かれます。確かに環境変化への対応スピードは上がるかもしれません。しかし、ともすれば組織全体としての方向感を欠いたまま、深く考えずに素早く行動するだけになってしまい、中長期的には大きな成果を出せないということにもなりかねません。変革のためには「『事象に即応する』ばかりではなく、「事象に先んじて仮説をつくる」ことが大切なのです。

ＨＹＰＥＲを導入する場合、その成果を測る指標としてＫＰＩを活用することも重要です。すでにＫＰＩマネジメントを導入している企業は多いと思いますが、その多くが財務数値の原因把握や施策の進捗評価だけにとどまっているのではないでしょうか。ここから一歩踏み込み、立てた仮説を検証する中間指標としてＫＰＩを設定し、マネジメントできれば、データに基づく仮説検証と高速学習を組織に定着させる力になるのです。

以上３点は、デジタル組織で育んだノウハウを既存組織にも移植可能な、というより積極的に移植することが望ましいマネジメント手法です。

さらに、２０２０年以降のコロナ禍でリモートワークが一般化したことを踏まえれば、第４の観点として「チーム単位のマネジメントの導入」を検討するのも有効だと考えます。

④多様な専門知を引き出す——チーム単位のマネジメント

コロナ禍を契機に既存事業の職場にも広くリモートワークの体制が整い、ＩＴシステム上でさまざまなワーク・コラボレーションが可能になりました。既存組織内にも、図らずしてデジタル組織と相似形の環境が生まれたといっていいでしょう。

そして、物理的な職場に縛られない働き方は今後もますます広がっていくでしょう。また、既存事業の実務においても、定型業務より価値創出業務のウェイトは高まっていくと考えられます。だとすれば、アジャイルビジネス組織の特徴である「多様な専門家が集まって協業するチーム単位での活動」は、既存組織においても増えていくと考えられます。それに備えて、可能なところからデジタル組織のチームマネジメント手法を取り入れていくことは有用でしょう。ただし、これはすべての既存組織に無条件に適用できるものではありません。

新規で立ち上げた独立型のアジャイルビジネス組織には、既存組織のようなしがらみや摩擦がありません。そのため「顧客価値を向上させるための〝あるべき理想〟に向けて、無駄な寄り道をせず一直線に進める環境」が生まれやすいといえます。こうした環境で研ぎ澄まされたマネジメントは、うまく使えば、既存組織で見失われがちな「WHY」を強く照らすライトになります。既存事業で培った強みをより強く磨くためにも、意識的に取り入れていかなくてはいけません。

ただし、安易に取り入れるべきではない要素もあります。デジタル組織においてはイノベーション創出のために極めて重要な「試行錯誤の許容」がそれです。既存組織には、事業の特性や事業の成長段階によっては、試行錯誤が許されない分野がまだまだ多く残されています。特にミッションクリティカルな領域では、試行錯誤より、綿密な計画に基づく隙のない実行を貫くことが重要です。

ハイブリッドマネジメントのための経営者の役割

デジタル変革プロジェクトからスタートさせた変革を全社に広げ、事業成果につなげていく――。そのための大きな課題が、特性の異なる新旧組織のよさを生かしつつ、全社的にも整合性のあるハイブリッドなマネジメントをいかに実現するかです。せっかく変革のためのアジャイルビジネス組織を立ち上げたにもかかわらず、全社のマネジメントが既存の価値観に偏っているようでは、新たに生まれるサービスを、ひとつの企業として一貫性のある価値を、安定して顧客に届けることはできません。アジャイルビジネス組織のメンバーと既存組織のメンバーが、顧客価値リ・インベンションの成功のために「同じ船」に乗る必要があるのです。

そのための経営者の大きな役割は、2種類の組織を貫く「共通のものさしづくり」

と「共通のマインドづくり」にあるといえるのではないでしょうか。上記で、既存組織と新組織に共通して取り入れるべきマネジメント手法として、①顧客価値にフォーカス、②データに基づく打ち手・改善、③事業の進捗を評価するKPIの3つを挙げました。これはまさに両組織をつなぐ経営判断のための共通のものさしとして機能します。

ただし、それだけでは仕組みの整備に過ぎず、現実は何も変わりません。一人ひとりの社員、ともに問題解決にあたるチーム、その集合体としての組織が、それぞれの特性の違いはありつつ、それぞれのレイヤーで同じ方向感を共有しながら、意志を持って学習し、成長していく。そのための共通のマインドという「魂を入れる」仕掛けづくりが重要だと考えているのです。そうすることで、社員にとっても働く意義が感じられる魅力ある職場になるのです。そこで大きな役割を果たすのが「ビジョン」です。ビジョンを組織の共通のマインドとして浸透させるための3つのステップを、実践例を交えながらご説明したいと思います。

①目指す方向を組織全体で共有する――ビジョンの策定と浸透

ビジョンは「自社が実現したい未来――自社が顧客や社会に提供したい価値」を言語化したものです。より根源的な、「自社は何のために存在するのか」というパーパスまでさかのぼることもあります。組織が進むべき方向を明らかにするためにビジョンが重要であることは、いまさらいうまでもありません。特に、変化が激しく、あらゆるデータが氾濫しているいま、目の前の刺激に反応して最適行動を取っているだけでは、結果的に変化に翻弄されるだけで、どこにもたどり着くことができません。本書で論じたアジャイルビジネス組織のような自律的なチームが組織内に増えればなおのこと、「何のために変化するのか」という指針なくして、企業が全体として正しい方向に進めるはずもありません。これは、多くの企業で共有されている認識でしょう。

一方で、私は「ビジョンの策定」に比べると、「ビジョンの浸透」の重要性が軽視されているように思えてならないのです。ビジョンは掲げるだけでは浸透しません。ビジョンを絵に描いた餅に終わらせず、本当の意味で改革の羅針盤とするためには、かなりのエネルギーをかけて浸透させる必要があります。これが企業を貫く「共通言語」になるからです。さらに、社員一人ひとりが、ビジョンを自分の立場に即してブレイクダウンし、具体的な活動の指針にできるように、ビジョンと行動をさまざまなかたちで結びつけて示していくことも重要です。

私たちは、毎年10月、ビジョンと行動をすり合わせるため、すべての職場で都合のよい半日を選び、「ビジョン対話会」を開催しています。この一年職場／チームで実施してきたことがビジョンに合っているのか、合っていないとすればどこが合っていないのかを職場／チームメンバー全員で話し合うのです。組織ビジョンを、職場、個人の活動とひもづけ、来期はどう取り組んでいくかという意識を合わせるためにも、とても有効なイベントです。形式的なものに終わらないよう、各職場から会を推進する「エバンジェリスト」を選出、育成し、社員一人ひとりの「自分ごと」になるように、さまざまな工夫を凝らしています。私も経営側の責任者としてビジョンを語り、ビデオメッセージとして職場に届けています。

また、四半期ごとに、チーム単位の具体的な取り組みを発表する機会も設けています。ここには組織のトップも参加し、参加者同士でネットワークが構築できる場にもなるよう留意しています。

②「考える習慣」を根づかせる——ビジョンからアクションへの変換

継続的に顧客価値を高めていくためには、仮説を立て、実行し、検証するサイクルを回し続ける必要があります。ここで重要なことは、データを使って思考し、仮説検証の結果を踏まえて行動を変えていくことです。表面的にＨＹＰＥＲサイクルを回すだけでは意味がなく、サイクルを回しながら、思考の質を高め、正しい行動へ導く確度を高めていかなければなりません。そのためには組織に「考える習慣」を根づかせることが不可欠です。私は、会議などのオフィシャルな場だけではなく、日常のやりとりでも常に社員に問いを発し、論理的思考を求めていくことが大切だと考えています。

何のためにその施策を実施するのか、その目的を達成するための最適な施策なのか、施策成功のためのカギは何かを、因果関係を意識しながら問い、対話し、組織として論理的に考える癖をつけていくのです。

その試みとして、興味深い事例があります。ある企業では、経営トップが直接、執行役員にストレッチなゴールとＫＰＩの設定を課しています。その経営者自身が非常に事業に詳しいので、簡単に達成できる目標、考えの浅い施策はその場で却下されます。一方、議論を経て取り組む価値があると判断されたアクションはすぐ実行に移されます。ただし、結果的に目標が達成できなくてもペナルティが科されることはありません。達成を目指してチャレンジしたこと、その結果をさらなるアクションにつなげること、つまり学習そのものが評価されるのです。組織全体の目標達成につながる施策を論理的に考え、ビジョンを着実にアクションにつなげるための実践的なトレーニングといえるでしょう。

③ビジョン達成に向けた活動を「自分ごと」とする――モチベーションの活性化

ビジョン実現のためのアクションが明らかになっても、それを推進する社員に熱意がなければ成果は限られます。理解を行動へ移すだけでなく、そのベクトルを太くするために、社員一人ひとりの熱量を上げることが大切なのです。そのために、社員一人ひとりが、ビジョン達成に向けた活動を「自分ごと」として腹落ちしてもらうことが必要なのです。

ある企業では、MBO（目標管理によるマネジメント）でチャレンジングなチーム目標、個人目標を設定させ、半期ごとのレビューで個人レベルまでフィードバックすることでモチベーションを高めています。ポイントは、部門目標を前提として、自分はそのために何ができるか、何をすべきか、という行動にブレイクダウンした目標を自分自身で設定させることです。こうすることで個人目標と部門目標がしっかりつながりますし、部門目標が達成されたとき、自分がどう貢献できたかが明確に見える化されるのです。

私たちは、ビジョンに合致する優れた活動を選んで、そのプロジェクトを推進したチームを表彰しています。ポイントは「活動のどこを評価して表彰したか」を明らかにすることです。事業成果だけでなく、チャレンジした要素、工夫した点を特に重視しています。ビジョンをブレイクダウンできた活動の例を具体的に示して評価することで、個人やチームが取り組むべき活動を考えるための一種の指針を提供したいと考えているのです。また、表彰の対象となったプロジェクトの概要や成果は、チームメンバーによって、工夫した点や成功要因が整理、分析され、全社社員が聴講できる場で発表されます。そのための資料をつくるプロセスそのものも、メンバーがプロジェクトを振り返り、メンバーで成功物語をまとめ、共有するための貴重な機会となっているようです。

第4章で詳しく紹介した当社内のデジタル組織Digital CAFISは、既存組織に比べて新入社員の満足度が非常に高いのですが、それには「自分の貢献度がダイレクトに見えること」が大きく影響しているのは間違いありません。一方、既存組織における大規模システム開発では、社会的に意義の大きな仕事に取り組む機会が多いぶん、一人ひとりの貢献度は相対的に見えにくくなりがちです。既存組織においても一人ひとりのミッションを明確化していくことが求められます。

デジタル改革で、組織は「学習する組織」に進化する

デジタル変革を全社に広げ、それを実行させるには、社員のモチベーション、チームの学ぶ力が重要です。それらを引き上げるために、経営者は積極的に社員の、あるいはチームや組織全体の「マインド改革」に取り組まなければなりません。やるべきことを理解し、実践するスキルが身についても、目的を達成しようという組織の強い意志がなければ、組織としてよいパフォーマンスは出せませんし、社員の達成感に基づく成長もありません。

これらを整理するなかで私は、自分自身がマネジャーになりたての頃に読み、以降、何度も読み返してきた、ピーター・センゲ氏の『学習する組織』のことを思い出しました。大企業がデジタル変革プロジェクトの立ち上げを契機として、全社的な変革を行っていくプロセスは、個人、チーム、組織がそれぞれのレイヤーで学習による成長を果たし、組織力を強化していくプロセスに他ならないのです。人と人の交わりを通じて、個人、チーム、組織が絶えず学習し、ダイナミックに自らを発展させていく。デジタル変

革においてもそんな「学習」は重要な要素です。そして、センゲ氏が示した「学習する組織の5つのディシプリン」は、デジタル改革における重要な要素と、実にぴったり呼応していると考えるようになったのです。

センゲ氏は、学習する組織には3つの中核的な学習能力として、「志の育成」「内省的な会話の展開」「複雑性の理解」が必要であり、これらのどれが欠けても組織としての成果が出せないと言います。そして、これらの3つの学習能力を伸ばすためには、5つのディシプリンが必要だと説きます。5つのディシプリンを統合的に強化してこそ、組織は成果が出せるようになるという体系的なフレームワークには、非常に魅力を感じます。

私の理解に基づく要約ではありますが、ここで5つのディシプリンについてざっと紹介してみましょう。

[志の育成のためのディシプリン]

①自己マスタリー

自己マスタリーとは、「自己のビジョンを明確にし、その達成に向けて絶えず学習し、自己実現を極めていくこと」です。自らの成長のために絶え間なく学習し、活動するための持続的な学習です。どんな大きな目標を設定しても、それを自分ごととし、行動につなげていかなければ人間は成長できません。組織は個人の集まりですから、自己マスタリーは学習する組織の起点といえます。現在地を正確に把握し、実現したい将来のビジョンを描けば、両者のギャップを埋めるために、継続的な学習と実践が必要になります。個人それぞれが自己マスタリーを実践することが、学習する組織の前提になるのです。

②共有ビジョン

共有ビジョンとは、私たちが創り出そうとする未来の共通像を掲げる力です。組織は個人の集合体です。組織全体のパフォーマンスを向上させるためには、個人の成長とチームの成長がかみ合っていなければなりません。リーダーがビジョンを掲げても、チーム、メンバーが腹落ちし、自分のビジョンにブレイクダウンしない限り、組織としての行動にはなりません。共通のビジョンがないままに、チームに権限が与えられても、組織としての一貫性や方向性を維持できず、混乱だけを引き起こすこととなります。同じ方向に向かって学習し合える組織になるためには、ビジョンを共有することが大切なのです。

③メンタルモデル

メンタルモデルとは「深く内面化された前提や思い込み」のことです。人にも組織にも、往々にして内部には固定観念や、それによって何かを無意識に決めつけてしまうマインドが潜んでいます。新しい環境で、客観的に正しいと思われることを素直に実行できないのは、私たちが慣れ親しんだ考え方にとらわれてしまっているからともいえます。こうしたバイアスを客観的に見つめ直し、素直に現実を捉えるメンタルモデルを身につけることは、個人にとっても組織にとっても重要です。

メンタルモデルは一人ひとりの心の奥深くに存在するため、他者にとってはわかりにくく、本人すら認識できていないことが少なくありません。個人が成長したり、組織が変革するためには、それぞれが抱えるメンタルモデルに向き合ったうえで、そこから自らを解放させなくてはいけません。しがらみにとらわれず、前提を外すことが大事なのです。

④ダイアログ（チーム学習）

チーム学習は、チームメンバーが対話を通じてともに考える力です。複雑化する環境に対応するためには、個人が成長するだけでなく、チームで成長することが重要です。優秀なメンバーが集まっただけでは、メンバー間で軋轢が生じたり、行動がバラバラになったりして、必ずしもチームとして成果が出せるわけではありません。チームで学習し合う過程は「学習する組織」そのものと言っても過言ではありません。組織のなかに、志を育み、複雑性を理解しようとし、対話し、尊重し合って学び合える「共創するチーム」をつくる必要があります。学習する組織は、個人では果たしきれない成長を可能にしてくれるのです。

［複雑性の理解のためのディシプリン］

⑤システム思考　第5のディシプリン

センゲ氏が「第5のディシプリン」として特に重視しているのがシステム思考です。これは、時間的、空間的に離れた出来事の因果を捉える力です。物事を単体として見るのではなく、相互の関連や時間的・空間的な関係性に着目し、変化を生み出す構造を捉えるものの見方です。構造を理解しないまま、達成すべき目標に向けて、目に見える課題のみの解決に集中すると、意図せず関連する他の要素を悪化させてしまい、全体としては期待した効果を出せずに、かえって望まぬ方向へ変化させてしまうということが起こり得ます。

私たちを取り巻く環境は時代とともに複雑化しており、単純な原因と結果という見方だけでは捉えられにくいものになっています。システム思考はこのような複雑化する環境の構造や変化のパターンを捉えることによって、何が重要で何が重要でないか、どこに焦点を当てるべきか、あるいは、どこには焦点を当てなくてよいかを明らかにしてくれます。そして、システム思考が十分に力を発揮するためには、共有ビジョンの構築やメンタルモデルへの対処、チーム学習、自己マスタリーというディシプリンが統合的に働く必要があります。

私は、「事業立地を開拓し続ける」組織づくりのためには、それにふさわしいマネジメントの仕組みを用意するだけではなく、社員がモチベーション高く働くための共通のマインドを醸成する、つまり「魂を入れる」仕掛けづくりが重要だと述べ、以下の3点を提言しました。

①目指す方向を組織全体で共有する——ビジョンの策定と浸透
②「考える習慣」を根づかせる——ビジョンからアクションへの変換
③ビジョン達成に向けた活動を「自分ごと」とする——モチベーションの活性化

これをセンゲ氏の「学習する組織」の3つの力（5つのディシプリン）に対比させてみると、深さや体系性では及ばないものの、趣旨が共通していることを改めて感じます。「目指す方向を組織全体で共有する」は、「志の育成（自己マスタリー、共有ビジョン）」に、「『考える習慣』を根づかせる」は、「複雑性の理解（システム思考）」に、「ビジョン達成に向けた活動を『自分ごと』とする」は「内省的な会話の展開（メンタルモデル、チーム学習）」に対応しているのです。

デジタル技術が、「学習する組織」の高度化を加速する

デジタル技術は、さまざまな物事をデータで把握することを容易にし、いままで気づかなかったことの発見を可能にし、試行錯誤（テスト&ラーン）のコストを下げました。

仮説に基づく複数の試行錯誤から常に学べるようになり、時間と場所の制約を受けることなく、リモート環境で多くの人とつながることができるようになり、多様な人財が関わり合ったチームワークによる共創ができるようになりました。

「学習する組織」の5つのディシプリンは、組織力を上げるために有効なフレームワークであり、もちろんデジタル変革においても力を発揮します。そして、デジタル技術が、この5つのディシプリンの実践を促進し、「学習する組織」の高度化を加速する側面もあるのです。

デジタル技術を活用すれば、広範囲の物事の因果と結果をデータで把握することができます。つまり「システム思考」を高度化させるのです。そして、いま何が起こっているかをデータで把握すれば、未来の状態も高精度で予測できるようになります。かつては定性的な洞察だった「システム思考」が、定量的な根拠とともに把握できるようになるのです。

「自己マスタリー」においても同様で、自分の目標や達成状況をデータでより客観的に把握できることで、自己変革が必要であることが自覚できるとともに、自分の変化や成長も定量的に確認でき、望む方向に着実に歩んでいけるようになります。

「メンタルモデル」においては、いままでの思い込みや慣れ親しんだ思考をデータで検

図表6-3｜デジタルが学習する組織の高度化を加速する

デジタルのインパクト	
1	データをコストをかけずに取得し、分析できる →いままで気づかなかった新たな発見ができるようになる
2	データを蓄積すれば多くの価値を見出せる →多くのトライアルをすれば、より正確な学びができる
3	デジタルではテスト&ラーンがコストをかけずにできる →仮説に基づく複数の試行錯誤と高速学習ができる
4	時間と場所を限定せずにチームワークができる →リモートで自在に多様な人財とチームワークができる
5	デジタル上に活動データが蓄積される →多段階の階層での報告に基づかず、活動データを直接把握するフラットなマネジメントが可能となる

学習のための5つのディシプリン	
1	**システム思考**　【時間・空間的に近くないものの因果を把握】 →データを活用できれば、より深い因果を把握することができる
2	**自己マスタリー**　【納得に基づいた変化／真実に忠実であること】 →自分でテスト&ラーンができ、その結果のデータを分析することで、変革の必要性を自分で納得できる
3	**メンタルモデル**　【思い込みや慣れ親しんだ考え方からの解放】 →データと試行錯誤による検証によって、慣れ親しんだ安住を感じる範囲から脱却できる
4	**共有ビジョン** →デジタルによるコミュニケーション高度化により共有・浸透が容易になる
5	**チーム学習**　【ダイアログとディスカッション】 →時間と場所を限定せず、多様な人財とチームワークができる

証することが、自己に内在するメンタルモデルのバイアスに気づくきっかけとなり、より現実を直視したメンタルモデルに修正できるようになります。何度もテスト&ラーンを繰り返すことで、さらにとらわれのないメンタルモデルを保つことができるのです。

「共有ビジョン」の浸透にもデジタル技術は貢献します。高精細映像や仮想現実といったデジタル技術を活用すれば、遠く離れた人々との豊かなコミュニケーションが可能になりますし、経営層からメッセージを発信する場合も、一方的ではないインタラクティブなやりとりが可能です。また、ビジョンを具現化しているチームの成功物語も広く共有できます。ビジョンをより広く、より深く浸透させるためにデジタル技術が使えるのです。

また、デジタル技術を活用すれば、時間と場所を限定せずにリモートで多様なメンバーと自在にチームがつくれます。コミュニケーションツールを利用すれば、1対1、多対多など多様なつながりにおける密度の濃い対話やナレッジ共有、つまり「チーム学習」が加速します。

本書の執筆作業を通じて私は、大企業がデジタル変革を進めることとは、企業が「学習する組織」として成長する営みを高度化、加速化するものであるという確信を得ることができました。大企業にとってデジタル変革とは、ただ世の中のデジタル化に追随するためのものではありません。これまで築いてきた強みはしっかりと守りつつ、古い殻を脱ぎ捨て、事実と真理に基づき、学習し、成長しながらより大きな価値を生み出すための転換なのです。

COLUMN

ビール・ゲームで学ぶ「システム思考」

センゲ氏が提唱する「システム思考」は、前述の通り時間的、空間的に離れた出来事の因果を捉え、物事を単体として見るのではなく相互の関連性に着目して変化を生み出す構造を捉えるものの見方です。センゲ氏は、この考え方をわかりやすく実践的に経験するためのツールとして「ビール・ゲーム」を例に用いてシステム思考を解説しています。

ビール・ゲームとは、1960年代にMITのスローン経営大学院で開発されたビジネスシミュレーションで、参加者は、「工場」「一次卸」「二次卸」「小売店」の役割に分かれ、隣の相手とのビールの受発注を通じてそれぞれの立場での利益の最大化、つまり必要以上のつくり過ぎや仕入れ過ぎを避けながらも在庫を切らさずに売上を最大化することを目指します。ゲーム中、隣の役割の参加者同士でのコミュニケーションは（ゲーム中における時間で）週に1回交換する発注数を書いたカードのみで、それ以外はお互いに情報を交換できず、相談もできません。このゲームでは、卸から小売店への配達の遅れを前提としています。ある週に、小売店でいつもは4ケース売れるビールが急に8ケース売れ始めたことをきっかけに、毎週、小売店と卸と工場との間での受発注を繰り返し進んでいきます。小売店は発注を大きく増やしますが、卸から小売店への配達の遅れで、その時点では期待していたビールは予定通り届きません。

卸と工場では受注残が発生しています。さらに、小売店は卸の受注残を知らずに、発注したものが来ないため、さらに発注を続けます。

このゲームでは多くの場合、最終的に小売店は在庫不足に陥り、途切れない需要に対して供給がまったく追いつかなくなる一方で、卸と工場は在庫の山を抱えることになるという、ちぐはぐな結末を迎えます。しかし、小売店に来る実際の需要は最初に一度変動したのみで、その後はずっと週に8ケースで安定していた

図表6-4｜システム思考が欠如した意識の範囲

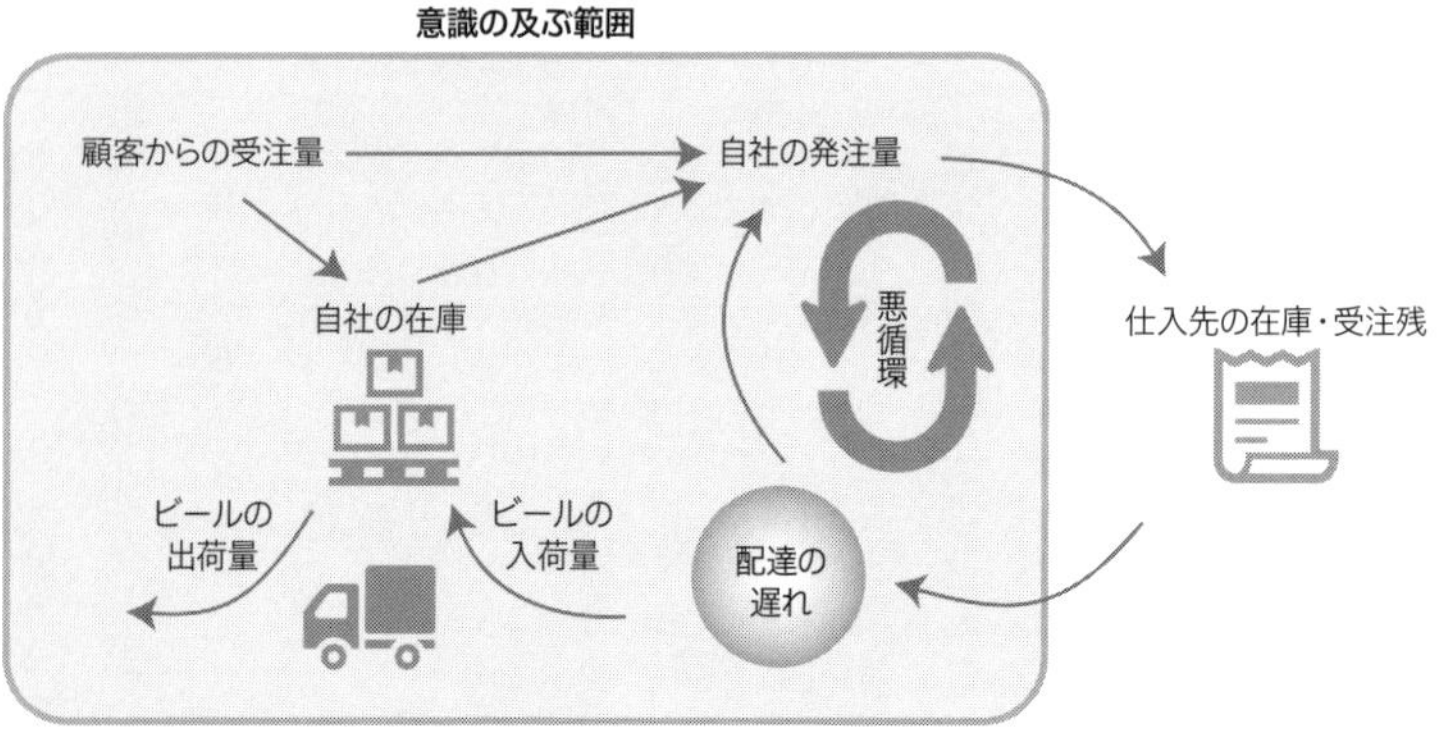
意識の及ぶ範囲
顧客からの受注量
自社の発注量
自社の在庫
悪循環
仕入先の在庫・受注残
ビールの出荷量
ビールの入荷量
配達の遅れ

出所：『学習する組織』（英治出版、2011）をもとに作成

……というものです。

それぞれの参加者が真剣に取り組んでいるのにこのような結末に至る原因は「システム思考の欠如」というわけですが、それは言い換えると、それぞれの参加者が、自分自身の行動が他者にも影響を与えることを意識せず、あるいは他者と切り離して自分自身から見える範囲のみの因果関係を考えて行動しているためです。

小売店は、消費者の需要が増えたことに反応して注文数を増やし、在庫が余剰になりそうであれば注文数を減らしますが、このとき、自分が注文を増やしたことによって、その先にいる卸が自分自身の注文数の増加に反応して

図表6-5 | システム思考によって広がる意識

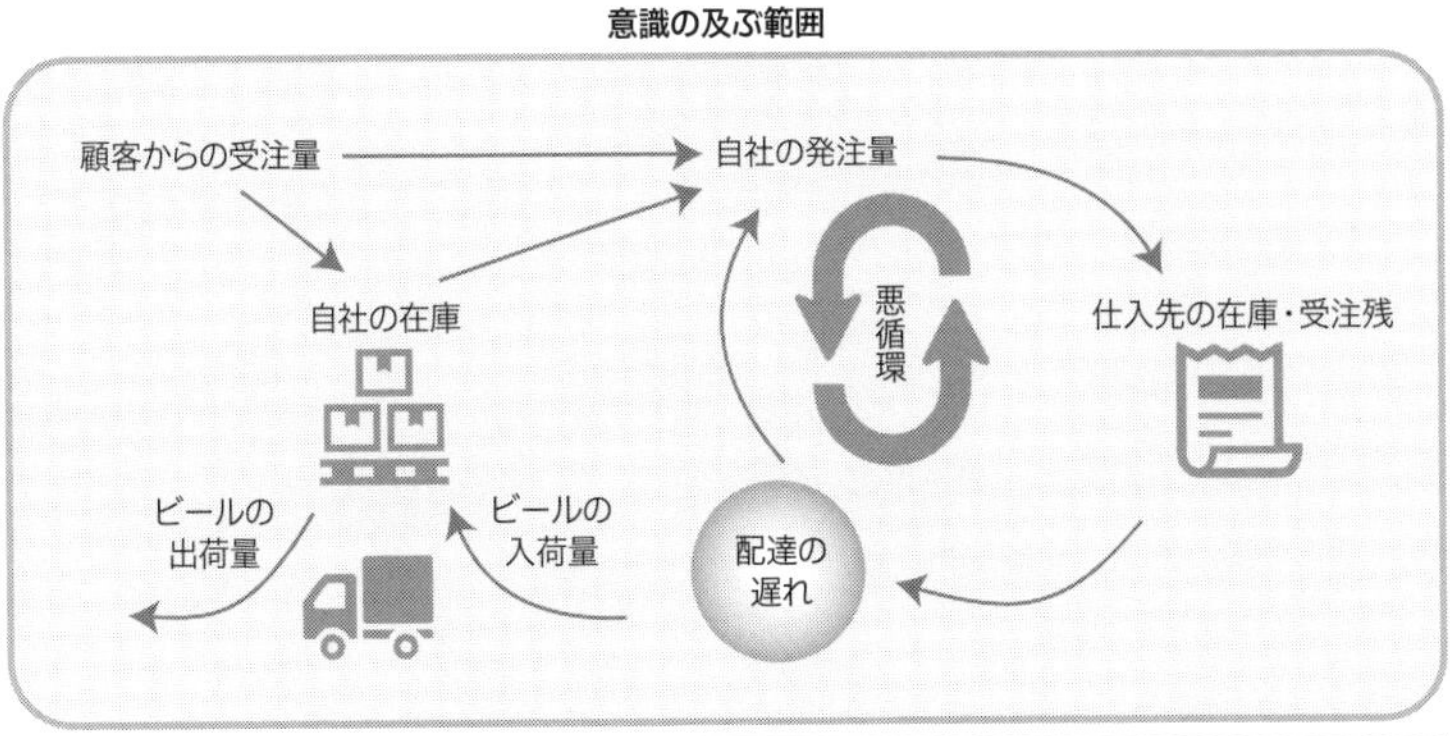
意識の及ぶ範囲
顧客からの受注量
自社の発注量
自社の在庫
悪循環
仕入先の在庫・受注残
ビールの
出荷量
ビールの
入荷量
配達の
遅れ

出所：『学習する組織』（英治出版、2011）をもとに作成

どのように状況が変わり行動を変化させるのか、さらにそれを受けた工場がどうなるのか……といったところまで意識が及んでいません（図表6－4）。

別の言い方をすると、卸や工場にとって最終顧客の需要は受け取る注文数の変化を予測する重要なインプットであり、かつ小売店を通じてしか得られない情報ですが、小売店自身は「自分の提供する情報が全体に対してどのような影響力を持つのか？」を認識できていないということになります。同じようなことが卸、工場にもそれぞれ発生する結果、小売店で発生したちょっとした需要の増加が増幅されて注文数の増幅を生み出し、さらにその反動として急速な注文数の収縮が発生して卸や工場の在庫が積み上がるという結果を引き起こしています。

もし、各プレーヤーがそれぞれ自分以外の他者がどのように考え行動するかにも意識を及ばせていれば、その先で起きることへも想像力が働き、全体の構造を捉えてどのように変化が起きていくかを理解したうえでより的確な判断を下すことができたでしょう。また、望ましい結果を生むためには、局所での努力ではなく、構造の全体を捉えて変革することが必要であるということもわかります（図表6－5）。センゲ氏はこれを「おもしろいことに、ビール・ゲームや、他の多くのシステムでは、あなたが成功するためにはほかの人も成功しなければならないのだ。（引用『学習する組織』p.99－100）」と表現していますが、ビジネスにおける変革も、システム思考によって全体の構造を捉えて考えていく必要があると考えています。

対談

ピーター・センゲ×山口重樹

デジタル技術と信頼で「学習する組織」を加速する

Dialogue

デジタル技術と信頼で「学習する組織」を加速する

マサチューセッツ工科大学（MIT）上級講師　ピーター・センゲ

ピーター・M・センゲ

マサチューセッツ工科大学（MIT）スローン経営大学院・上級講師、組織学習センター長。組織学習、リーダーシップ開発、システム変革の先端的な研究を進め、組織学習協会（SoL）、アカデミー・フォー・システム・チェンジなど、理論、手法、実践方法の発展を目指す組織やネットワークの設立に尽力してきた。200万部以上を売り上げた『The Fifth Discipline（邦題：最強組織の法則）』はフィナンシャル・タイムズ紙に「最重要の経営書5冊」のうちの1冊と認められ、「学習する組織」という概念はハーバード・ビジネス・レビューに「過去75年間に登場した巨大な影響力を持つアイデアの1つ」と評価されている。また、ザ・ジャーナル・オブ・ビジネス・ストラテジーが選出する「20世紀のビジネス戦略に最も大きな影響を与えた24人」に名を連ね、シュワブ財団の2019年「ソーシャル・イノベーション・ソートリーダー」賞を受賞している。

テクノロジーが進化すれば人間も進化しなければならない

山口　私はマネジャーになりたての頃、センゲ先生の『学習する組織　システム思考で未来を創造する』を読み、感銘を受けました。そして、自分が担当する組織で「学習する組織」の実践に努めてきました。私が担当した組織では2016年に「デジタルの力でお客さまの事業変革を支援する」という思いを込めて「トラステッドデジタルパートナー」というビジョンを掲げています。ビジョンをお題目に終わらせないために、ビジョンを討論する場や成功事例を共有する場を定期的に設けて浸透させる努力をしてきました。その結果、みんなのがんばりもあって2016年に約4000億円だった売上は2020年には6000億円に成長しています。

現在はデジタル化という大きな潮流への対応を進めており、2018年にデジタルビジネスの専門組織を立ち上げて運用しています。この取り組みを通じて、「学習する組織」は企業の成長と社員の成長に役立つ考えと思いました。さらに、デジタル化の進展により、「学習する組織」は、高度化・加速するのではと考えました。そして「デジタル」と「学習する組織」の関係にとても関心を持っています。

先生は、デジタルテクノロジーが企業経営にどんなインパクトを与えるとお考えでしょうか。

センゲ デジタル技術を活用すれば、膨大なデータをスピーディーに集めることができます。しかし、「どう解釈するか」という問題は依然として人間に委ねられていると思います。手に入る情報が膨大になればなるほど、人間の解釈の負担が増えていくわけです。

データはただ存在するだけでは何も変わりません。それをどう解釈し、それに基づいてどう行動するかが重要です。一人ひとりが個人で解釈する場面もあると思いますが、それを個人の解釈にとどめず、集団としてどう捉え、チームの学習や成長につなげていくかという課題もあります。しかし扱うデータ量がどんどん増えると、それも困難になっていく。ですから私は「テクノロジーの進化に合わせて、人間も進化しなくてはならない」と考えています。

私の友人にＩＴ企業の経営者がいるのですが、彼の考え方は非常に示唆に富んでいます。いま、ソフトウェア開発の世界では何百人もの技術者がオンライン上で共同作業をするのが当たり前になっています。ですが、彼は対面ミーティングを頻繁にセッティングして細かい議論をさせています。それがチーム学習には不可欠だからです。彼はこう言います。「いまのソフトウェア環境は複雑過ぎて、全体像を理解できている人間なんて一人もいない。データがあふれているからこそ、ゆっくり進めなくてはいけない。誰でも真っ暗な部屋では手探りでゆっくり進む。自分たちがいるのは、まさに真っ暗な部屋なんだ」と。

人間は、未知の状況に直面しても、つい経験則だけで理解したような気になりがちですが、それは錯覚です。やや逆説的ですが、環境が複雑になれば、まずは謙虚にスローダウンしなければならないのです。

山口　非常によくわかります。複雑なビジネス環境だからこそ、目の前の事象に反射的に反応するのではなく、全体の構造に目を向ける必要がありますね。

センゲ　おっしゃる通り、テクノロジーが進化すればするほど人も進化しなくてはなりません。テクノロジーだけで何かできるというものではないのです。人間は、ビジネス環境が複雑になっているにもかかわらず、過去の経験に基づいて自分が理解できているような錯覚を抱きがちですが、ここは謙虚にスローダウンして物事をゆっくり捉えていかなくてはならない。

テクノロジー領域で成功している企業の振る舞いを観察すると、スローダウンすべき局面とスピードアップすべき局面を柔軟にモードチェンジしています。「テクノロジーの進化のスピードに合わせて、人間も速く動こう」と考えると失敗するのです。

山口　立ち止まって考えるためにも、センゲ先生のおっしゃる第5のディシプリン「システム思考」がいまこそ重要ですね。意思決定のあらゆる局面で、さまざまな事象の因果関係や相関関係を広い視野で理解することがとても大事になっています。スピードと複雑性が高まる世の中では、目の前のことにただ反射的に対応するのではなく、本質的に対応していかなくてはならない。そのためにとても有意義な思考法だと思います。

ビジネスの事業特性に応じて、スピーディーな対応とスローダウンした対応を使い分けることの重要性にも同意します。ソフトウェア開発では「小さな開発サイクルを何度も回して改善していく」というスタイルの「アジャイル開発」が多く行われるようになっています。その他のビジネスにおいてもアジャイル的なアプローチで、スピードと顧客への提供価値を徐々に向上させていく取り組みが重要になっています。

テクノロジーを前向きに進化させる「信頼」の力

センゲ　山口さんの組織では「トラステッドデジタルパートナー」というビジョンを掲げているとおっしゃっていましたね。「信頼」とは、心から相手を思いやり、信じることで形成される人間同士の関係であり、機械のように製造できるものではありません。テクノロジーが進化すればするほど、人も進化しなければいけないというのは、より「信頼づくり」に真摯に取り組まなければいけない、ということです。

ただし、信頼関係を構築するのは簡単ではありません。私の印象では、日本文化では反対意見や耳の痛い意見を表明することが悪いことのように思われているのではないでしょうか。しかし、信頼は同意とイコールではなく、むしろ忌憚なく反対意見を言える関係こそが「信頼」です。信頼の構築のためには、こうした文化的な課題を乗り越える必要があります。

もちろんこうした文化的な課題はどこにでもあり、たとえばアメリカ人は反対意見を言うこと自体に抵抗はありません。ただし「対立しながら協力し合える関係」が基本的に信じられておらず、意見の相違のある場から何かを生み出すのは基本的に困難です。

いずれにせよ、関係づくりの場「リレーショナルフィールド」がしっかり構築されていれば、人々は本音を言えるし、深いレベルで同じ方向を見ながら反対意見を交わすこともできる。それが「信頼」の土台になるのです。

山口 私は２０２０年に『信頼とデジタル』という本を出版しました。テクノロジーによってさまざまな作業が自動化され、多様なつながりが生み出されましたが、やはりその根底に信頼がなければ社会も企業も成り立ちません。企業においても、信頼が損なわれてしまうと、デジタル化が進めば進むほどかえって分断が進んでしまうと考え、信頼の大切さを改めて説いたのです。

センゲ デジタルテクノロジーがもたらす分断は、本当に大きな社会問題です。パソコンやスマートフォンの画面を眺める体験と、人と対面してコミュニケーションする体験は根本的に違う。人間は感覚器官が非常に発達した生き物ですから、五感を通じて他者を理解します。言葉を話せない赤ちゃんも、人の表情から感情を読み取れる。人と接することで「感じて理解する」能力を育むのです。デジタルテクノロジーに慣れることによって、私たち人間は複雑な状況をそのまま感じ、理解する能力を失ってしまうのではないか。私はそんな危機感を感じています。

山口 そうはいっても、デジタル化は大きな社会潮流であり、避けては通れません。もちろん、企業経営においても、目的もなくスピーディーに、ある事象にだけ反応していくのではなく、ビジョンを持って進めていくことが求められていると思います。

センゲ そうですね。テクノロジーが進化することの是非ではなく、そのテクノロジーを活用できるほど人間は進化しているのか、そのための知恵があるのか、を問わなければなりません。テクノロジーは人間のよい面、悪い面の両方を引き出すことができる。だからこそ、おっしゃる通り経営にはビジョンが重要なのです。

山口 ビジョンが重要であることは、デジタル社会であれ、アナログ社会であれ変わりませんが、デジタル社会においては、テクノロジーを活用することで、ビジョンをより広く浸透させられるようになっていると思います。

センゲ　おっしゃる通りですね。テクノロジーの進化で、離れた場所にいる人とも深い関係が築くことができるようになっていますし、ビジョンも遠くに届けられる。企業がビジョンを打ち出し、ポジティブなストーリーを語っていくことが、世の中でますます強く求められるようになると思います。テクノロジーやデジタル自体が問題ではなく、問題は私たちが十分テクノロジーを活用する知恵があるかどうかだと思います。だからこそ、ビジョンがとても重要になると思います。

世界中で急速に分断が進むなか、このままではネガティブな心配や恐怖ばかりが増殖しかねません。異なる文化を信用できない気持ちから来る恐怖、自然環境が破壊されていくという恐怖、そして、ひどい不平等や富の集中がもたらす恐怖など、恐怖の理由は尽きません。

社会に蔓延する恐怖や不安に対して「不安に思う必要はない」と伝えるストーリーやお手本が必要です。多くの企業が前向きなビジョンを打ち出し、「テクノロジーによってこんなにポジティブなビジョンが描けるし、実現するのだ」ということを示してほしいと思います。

デジタル時代にこそ求められる「5つのディシプリン」

山口　私は、先生の「5つのディシプリン」は、まさにデータやデジタルテクノロジーを人間中心の企業経営に生かすために必須の原理だと考えています。そして、「5つのディシプリン」そのものも、デジタルがもたらすインパクトによってさらに高度化・加速化できると考えています。

特に「システム思考」は、複雑な物事の因果関係を深く捉えるために欠かせません。そして、デジタルテクノロジーを活用すれば、より深い因果の把握が可能になり、システム思考も高度化できると思っています。

センゲ　まさにその通りですね。私たちは表面的な相関関係にとらわれず、複雑な問題の構造を見て、本当の原因を追究しようとしなければなりません。そのためには、ただ統計処理された数値の相互関係を見るだけでなく、シミュレーションなどのツールを使って理論を組み立て、それを検証することが求められます。相関関係だけを見ていると、システムの構造がいかにシステムの挙動に影響を与えるかを見誤る可能性があります。

そして、デジタルによってデータがより広く行き渡るようになると、データの意味を理解できるかどうかが、企業にとって非常に重要な能力になります。個人においても組織においても、高度なセンスメイキングのスキルが求められ、企業はそのためにふさわしいカルチャーや仕組みを整えなくてはなりません。

具体的には、データの理解や対話を促すリソースとして、キュレーターやデータライブラリアン、ファシリテーターを組織内に置いたり、自社の「思い込み」に率直に疑問を呈することができる信頼の文化、膨大な情報に謙虚になる文化を築いたり、不確実で混乱した環境でも長期的な方向性と目的を安定させられる共有ビジョンを浸透させたり、といったことです。これらが「リレーショナルフィールド」の質を高め、より深い学習に必要な安心感と信頼できる対人関係を生み出すのです。

山口　「自己マスタリー」については、デジタルを活用することで自らテスト&ラーンが可能になり、その結果として得られるデータを分析すれば、いかに自己変革が必要かを自分で納得できるようになると思います。

センゲ　より適切なデータを入手できれば、より的確な現状把握が可能になり、自分でテスト&ラーンできる、というのはいい指摘ですね。ただこの場合も、データをいかに解釈し、それをチームとしてどう改善していくかが重要だと思います。

山口　「メンタルモデル」についても、データの活用と、試行錯誤による検証を重ねれば、「思い込み」という慣れ親しんだ安住の地から脱却する契機になるのではないでしょうか。

センゲ　私もそう思います。低コストで多くのデータが獲得できるようになると、試行錯誤が容易になり、正しい判断がしやすくなります。

しかし、それですべてが解決するわけではありません。というのも、何らかの論理に基づいて古いメンタルモデルから抜け出せずにいる場合なら、データを活用して正しい論理が得られれば認識を改められるでしょう。しかし多くの場合、時代遅れのメンタルモデルに固執する理由は論理ではなく、「それが心地よいから」なのです。注意しなくてはいけないのは、それが非論理的な社会システムや政治システムのせいばかりではないことです。極めて論理的なはずの科学の世界でも同様で、優秀な科学者でも自説の反証となるデータにはいろいろな理由をつけて実にうまく否定してしまうのです。「科学は葬式のたびに進化する」ともいいますね。

自分と異なるものの見方を受け入れ、かたくなに握りしめている古いメンタルモデルを安心して手放すためには、やはりリレーションフィールドの質が極めて重要だと思います。

山口　「共有ビジョン」は、デジタルにかかわらず、事業成功のために必要なものだと思います。「チーム学習」についても、デジタルの活用によって時間と場所を限定せず、多様な人財とチームワークができるようになっています。

センゲ　はい。テクノロジーによって、時間と場所を超えてビジョンを共有できるようになっていますし、組織の階層構造が崩れてフラットに近づくと、チームの重要性はますます高まります。この2つのディシプリンは、テクノロジーが、分散型のインタラクティブ空間をどんどん実現することで、さらに豊かになっていくでしょう。ただし同時に、内省や深い対話をサポートするようなツールや方法論を活用していく工夫も必要になると思います。

山口　ありがとうございます。このように、私はこのデジタル化時代の企業経営において、まさに先生のおっしゃる5つのディシプリンは素晴らしいフレームワークになると考えています。

デジタルが情報を民主化し企業や社会を進化させていく

センゲ　世の中がますます複雑化、多様化し、変化が激しくなると、集団として合意を形成するのが難しくなるので、何をするにも、とりあえず賛成している人たちだけで集まろう、ということになりやすい。すると社会は分断していきます。こうした局面で重要なのは、ポジティブなストーリーを積極的に語ることです。テクノロジーのもたらすマイナス面が現実にあり、それに対する不安もある。そういう不安に対して、山口さんがおっしゃったような「時間や場所が離れていてもチームでともに考えることはできる」ということを示していくことが大切だと思います。

山口　企業経営においてはフラット型の組織運営と自律型のマネジメントが可能になっ

たことも、デジタルがもたらしたプラス面のひとつです。従来のような階層型の組織では指示命令報告型のマネジメントが必須でしたが、いまではマネジメントに必要な多種多様なデータがデジタル上に記録できますし、離れた場所でもチームで仕事ができるようになっています。フラットな組織づくりや、自律型のマネジメントが可能になり、より個人の資質が引き出しやすくなっているのです。さらに、デジタル上なら、試行錯誤に大きなコストを必要としないので、試行錯誤が許される部分はどんどん試行錯誤して仮説を検証できますし、リモート環境でさまざまな専門家が集まって新たな価値を生み出すことも可能です。

私たちは2018年からデジタルビジネス専門組織づくりのトライアルを進めているとお伝えしましたが、この組織では、実際に社員の満足度やエンゲージメントが大きく向上しています。

センゲ　ああ、その話を聞いて思い出しました。そもそも私が考えた「5つのディシプリン」は、ジェイ・フォレスター氏の「システムダイナミクス」が元になっています。彼は1940年代後半に世界初の汎用デジタルコンピュータをつくり、コアメモリを発明したたいへん著名なシステム科学者ですが、私がまだマサチューセッツ工科大学（M

IT）の学生だった頃、まさに同じことを言っていたのです。「テクノロジーは情報による支配を無効化し、組織の民主化に貢献するだろう」と。テクノロジーがもたらすのは速さや量だけではない。社会をよくしたり、より深い考察をするために活用できるようになるだろうと。それが50年後のいま、実現されつつあるわけですね。

ただ、テクノロジーには、大きな恩恵をもたらす半面、大きな不利益をもたらす可能性もあります。情報が行き渡って権力が分散されると、マネジャーにはより高度なセンスメイキングのスキルが求められます。そのためにも、スローダウンとスピードアップのペースを加減できる柔軟性が必要になるのです。

そして誰もが膨大な情報に対して謙虚に向き合わなくてはいけません。従来の階層構造型経営でよく見られた「知ったかぶり」や「管理できているふり」を放棄すること。短期的には状況は常に混乱しているし、不確実性が高い。だからこそ、長期的な共有ビジョンを掲げて組織の方向性と目的を安定させなくてはなりません。

のびのびと力を発揮できる「コンパッション」の場をつくる

山口　デジタルが進展するなかで、学習する組織を実践していくために、経営者は何をすべきでしょうか。

センゲ　誰もが安心して自分の仮説にチャレンジできる信頼の文化を築かなくてはなりません。そのためにリーダーとなる人物は、まず人として成長しなくてはならないと思います。思考力や考察力はもちろん、傾聴力も重要です。組織としての知性は互いの声に耳を傾ける態度がなければ高めることはできません。

山口　デジタル化された組織でリーダーになれる資質を洗い出したところ、共通項が浮かび上がってきました。それは「メンバーから信頼されるリーダーである」「メンバーが成長できる仕事の与え方をする」「リーダー自ら好奇心を持って新しいことにチャレンジする」「周囲の人を巻き込める力がある」というような、テクノロジーのノウハウ以前の人間としての魅力といえるものでした。やはりリーダーと呼ばれる人間には、スキルだけでなく人間力といった基本ケイパビリティが必要だと考えています。

センゲ　この数年、パンデミックで先行きが不透明な状態が続きましたから、感情を表に出さず、精神を別のところに置いておく、というスキルが求められるようになりました。環境は変化しているし自分の感情も揺れ動くのですが、精神は安定させておかないといけない。人間関係や環境のストレスや緊張感を意識しつつも、自分のすべきことにしっかり集中しなければならないのです。

こうした状況に置かれると、つい感情を無視してしまう人が多いのですが、それでは人とつながったり、相互に思いやりを持ったり、信頼関係を構築するのが難しくなる。つまり人間関係を損なってしまうリスクが出てくるのです。感情を無視することなく安定した状態を保つことが重要なのです。

山口　確かに感情に揺り動かされるのではなく、感情を客観的に俯瞰して自分をコントロールする力が要りますね。それは、先ほど触れたリーダーの資質にも大いに関係があると思います。チームから信頼され、この人の下でなら一緒にチャレンジしようと思ってもらうためには、感情に流されず、かといって感情を無視するのでもなく、受け止めながら冷静に対応し、やるべきことに集中していくことが重要です。

センゲ　「コントロール」というと「抑圧」のニュアンスがありますが、正確に言うと「コンパッション（=Compassion：共感）」です。これはラテン語を起源とする言葉で、「相手の苦しみと共にいる」という意味です。人の苦しみに気づいたら、融合するのではなく「共にいる」のです。そのためには、瞑想のような感情処理のスキルはビジネスリーダーにますます求められるようになるでしょう。

山口　コンパッションという考えを理解いたしました。もはや大量生産の時代ではなく、今後はビジネスにおいてもマネジメントにおいても、より「顧客にフォーカスする」「人間にフォーカスする」姿勢が求められます。そのためにも、先生の5つのディシプリンをフレームワークとして大いに活用できると考えています。

センゲ　コンパッションの文化が浸透すれば「リレーションフィールドの質」は高まります。すると、人の行動も変わってくる。深い学習に必要な安心感と信頼できる対人関係が生まれてくるのです。私たちはいま、いかに人間の能力を発展させていけるか、それとも負の側面を広げてしまうか、という岐路に立っていると思います。人間とは何か、人間同士のつながりとは何か、人間として地球という惑星で生きていくのはどういうことなのか。改めて考えるべき局面だと感じています。

おわりに——信頼できるデジタル社会を目指して

本書『デジタル変革と学習する組織』は、『デジタルエコノミーと経営の未来』（２０１９年）、『信頼とデジタル　顧客価値をいかに再創造するか』（２０２０年）の続編にあたります。前２作は神戸大学大学院経営学研究科の三品和広教授との共著であり、１作目ではデジタルが経済にどのようなインパクトを与えるかを考察し、２作目では既存事業で地歩を築いた大企業が取るべきデジタル戦略「顧客価値リ・インベンション戦略」を具体的に示しました。そして、３部作の締めくくりとなる本書では、デジタル変革において顧客価値リ・インベンション戦略を実践するための組織論、人財論、マネジメント論を解説しています。企業の経営層に向けて、なぜデジタル戦略が必要なのか（＝ＷＨＹ）、どんなデジタル戦略を取るべきなのか（＝ＷＨＡＴ）、さらに、そのデジタル戦略をどのように実践していくべきか（＝ＨＯＷ）をそれぞれ示すものといえます。

全体像をより明確にお伝えするために、ここで前２作の内容の要約を示したいと思います。

第1作では、デジタルがもたらしたインパクトを明らかにしようとしました。ＩｏＴやＡＩのような新たなデジタル技術がもたらす革新は「第四次産業革命」と呼ばれています。三品先生には、その本当の意味を探る2つの論を展開していただきました。

〈誤解だらけの「革命」論〉は、産業革命の本質を明らかにするものです。過去の産業革命を振り返れば「革命」は、決して短期的かつ爆発的に起きる変化ではなく、人知れず静かに始まり、複数の技術が連鎖的に変化を引き起こし、その影響を波及させていく時間のかかるプロセスです。そして、革命の核となる技術の発明者が、必ずしも経済的な成功を勝ち取るとは限りません。

〈誤解だらけの「戦略」論〉は、戦略という概念の捉え直しです。経営戦略というと「競合に対抗するために打つべき手」をイメージしますが、本当に重要なのは「顧客へ提供する価値を創出する事業立地の開拓である」と三品先生は語ります。新技術が牽引する産業革命が起きれば、既存の企業が拠って立つ「事業立地」は宿命的に地盤沈下してしまうからです。まず、古い技術が新技術に置き換われば、古い技術に頼った事業がふるわなくなるのは当然です（技術代替）。また、新技術が広がると業界への参入障壁が下がったり、生産性が向上したりして供給過剰になり、従来のやり方では利益が確保できなくなります（技術拡散）。さらに、産業革命で社会全体が豊かになれば、従来の所得水準にフィットしていた財・サービスの需要が減る場合もあります（所得効果）。経営者は、このような事業立地の変化に常にアンテナを張り、未来の立地開拓に経営資源を投じなくてはならないのです。

こうした三品先生の論を受けて私は、規模の経済に代わる〈智恵の経済（Economy of Wisdom）〉の重要性を主張しました。「デジタルエコノミー」においては、デジタル技術を活用して新たな価値を創出する智恵（ウィズダム）こそが重要となるのです。デジタル社会では、客観的な「知識」は容易に取得できるようになりますが、実践と結びつく「智恵」は容易には習得できません。「智恵」が競争優位の源泉になると考えたのです。

そして、デジタルエコノミーをドライブするのが「3つのドライバー」です。

第1のドライバーは、「デジタルがあらゆるところに市場を創り出す」です。デジタルは、売買の対象となる財・サービスそのものを取引できるかたちに定義し、取引相手を探す、取引相手の信用度を把握する、交渉する、届ける、決済するといったいわゆる「取引コスト」を低下させます。

取引コストが高くて市場取引できなかった財・サービスが、市場取引できるようになるのです。たとえば、「ドライバーとユーザーが移動に関して直接取引するウーバー」や「部屋や家を貸したい人と、部屋や家を借りて滞在したいという人との直接取引を可能とするエアビーアンドビー」など、シェアードサービスはこのドライバーが実現させたものです。

いままで市場で取引されていなかったものが、取引される新たな市場が創出されるだけでなく、組織内で行われていた取引が、市場で行われるようになるのです。

第2のドライバーは「デジタルが不確実性をビジネスチャンスに変える」です。データ分析やＡＩ活用の本質的な意義は、将来予測の精度を向上させること、つまり「ビジネスにおける不確実性の削減」にあります。現在、ＡＩを活用した需要予測や故障予測はかなり実務の現場に浸透していますが、今後はさらにさまざまな領域で精度の高い予測が可能になるでしょう。そして、あらゆるデータを収集・分析し、的確なアクションにつなげられるウィズダムを持つ企業の優位性がより高まっていくのです。

第3のドライバーは「デジタルが新たなサービス・製品の原材料になる」です。いま、物理的なモノにソフトウェアを組み込んでインテリジェンス化するのが当たり前になっています。すると、ソフトウェアのアップデートだけで機能を最新化できるだけでなく、ユーザーごとに提供するサービスをパーソナライズすることもできます。たとえばテスラは、車に組み込んだソフトウェアをネットワーク経由で随時更新しており、ユーザーは車体を買い替えなくても常に最新化された乗車体験が享受できます。大規模な設備を抱えて大量生産ができる企業より、高度なソフトウェアをスピーディーに設計・開発するウィズダムを持つ企業の優位性が高まっているのです。

これら3つのドライバーが連鎖反応を起こしながらビジネスを変え続け、智恵の経済が拡大しているのがデジタルエコノミーといえます。

信頼とデジタル　顧客価値をいかに再創造するか——信頼を資本に価値を生み出す

第2作には、デジタルエコノミーにおける大企業の戦略論をまとめました。

三品先生には〈大企業受難の時代〉として、デジタル化以前の環境で成長した大企業が優位性を喪失しつつある現状を解説していただきました。大企業の繁栄の背景には、19世紀後半に登場した石油の登場とともに誕生した「規模の経済」があります。石油の力は、工場における大量生産を可能にし、製品を遠隔地まで運ぶ鉄道（物流インフラ）、情報を広範囲に伝えるブロードキャストシステム（放送インフラ）の発展と相まって大企業を成長させたのです。そんな大企業の優位性がなぜ失われているのか。三品先生は4つの要因を挙げて解説します。

第1に「大企業のスピード低下」です。大企業ではトップがひとたび方針を決めれば上位下達であっという間に資源が配分できるスピードが大きな強みでした。しかしデジタル化で市場全体のスピードが上がったことで、大企業の優位性は相対的に損なわれました。

第2に「競争優位を無効化するアンバンドリング」です。デジタル化でありとあらゆるモノやサービスが市場に流通するようになると、これらを買い集めて上手に組み合わせれば、低コストでどんな製品でもつくれます。すると、大企業が築き上げた垂直統合型のバリューチェーンが強みとして通用しなくなるのです。

第3に「テクノロジーの民主化」です。さまざまなテクノロジーが進展・普及したことで商品のコモディティ化が促進され、大量生産型の企業が利益を守ることが難しくなっています。

第4に「悪化し続ける大企業病」です。大企業で社員を評価するのは上司であり、資源配分を決めるのも上司です。必然的に大企業の社員は顧客より上司を見て動くようになり、市場のニーズと乖離していきます。また、企業規模が大きくなるにつれ規定や手続きが増えて官僚組織化し、環境変化に即した機敏な動きができなくなっていくのです。

では、大企業は何を強みとすべきか。三品先生の答えは「顧客からの信頼」です。そして、信頼をかたちづくる重要な要素がデリバリーとリカバリー、つまり顧客の手元に期待通りに価値を届け、問題が起きれば責任を取ってきた実績の積み重ねにあると指摘します。いわゆる新興デジタル企業は往々にして、デリバリーとリカバリーに弱点を抱えています。既存大企業がデジタルエコノミーで強みを発揮するには、自社と顧客をつなぐデリバリーとリカバリーのプロセスを洗い直すことで信頼の源泉を把握し、それを磨く必要があるのです。

これを受けて私が示したのが「顧客価値リ・インベンション戦略」です。信頼を資本と捉え、「顧客の真の課題」に注目し、信頼にデジタルを掛け合わせて課題解決を支援する新たな財・サービスを創出するのです。信頼されているからこそ、データを預かることができ、そこから学ぶ仕組みをつくることで「顧客価値を継続的に向上させる」ことができます。さらには信頼されているからこそ顧客にとって重要な業務も任せられ、デジタルで変わる顧客の業務を手間削減・利便性向上のために巻き取り「顧客とのバウンダリーの最適化」を図ることができるのです。

この戦略の概略は本書の第3章で「5つのステップ」として示しているのでここでは割愛します。

このように、本書におけるＨＯＷは、前2作のＷＨＹとＷＨＡＴを踏まえたものです。ウィズダムの力、信頼の力を最大限に活用しながら、既存の大企業がデジタル変革を成功させるために、いかに「アジャイルビジネス組織」を立ち上げ、どんな人財、どんなマネジメントで運営していくかを主題としているのです。

本書で新たに加わったテーマもあります。タイトルにも含まれている「学習」です。前2作の執筆過程において、自分のなかで十分に熟していなかったのが、ウィズダムがどのようにして競争優位になるのかというメカニズムでした。

そんなとき、本書で対談したピーター・センゲ氏の著作とともに、大きな示唆を与えてくれたのが、コロンビア大学のジョセフ・Ｅ・スティグリッツ教授による『スティグリッツのラーニング・ソサイエティ』でした。スティグリッツ教授はこの本で、国の産業競争力は人や研究への投資、ラーニング能力による「動学的比較優位」で決まると述べています。発展途上国は、ラーニング効果とスピルオーバー効果（波及効果）が高い分野に集中投資することで経済成長を果たす。そこから、私は企業も同様にラーニングと他部門へのスピルオーバー効果の高い領域に投資して智恵を獲得し、競争優位を築けると考えました。

本書で語ったアジャイルビジネス組織は、まさに企業が絶えざる学習によって新たな智恵を創出する源泉なのです。このラーニング効果からもたらされる智恵を生かし、スピルオーバー効果を効かせることで、全社を「学習する組織」へ進化させていく。ここにデジタル変革の大きな意味があります。

本書は企業におけるデジタル変革を前提として書いたものですが、デジタル変革はビジネスの世界だけでなく、社会全体にとっても非常に重要なテーマです。そして、社会全体のデジタル変革においても顧客価値リ・インベンション戦略は有効です。

たとえば、市民サービスをあまねく提供しなければならない行政機関では「デジタル技術を活用して市民の真の課題を解決し、支援する」という視点が極めて重要です。市民がどんな困りごとを抱えており、その解決のためにどんなサービスが必要なのか――。それを、既存の制度や法律を起点とするのではなく、市民の課題を起点として既存の制度や法律まで見直す姿勢が求められるのです。

一人の人間、一人の生活者のなかには、消費者、勤労者、市民などさまざまな顔があります。さらに、親だったり子どもだったり、弱者だったり強者だったり、局面ごとに立場も変わります。あらゆるものがデジタル化される世界では、それらを一貫したライフジャーニーとして捉えられるようになり、種々様々なサービスを一気通貫で利用できるようになります。バラバラだったサービスが一元化されれば、利便性が高まり、快適さも増し、ムダもなくなります。

ただし、それはデジタル技術の進展だけで実現するものではありません。サービス提供者側が既存の役割にとらわれず、他の企業、行政やＮＰＯ、あるいは個人といったさまざまな主体とより柔軟に連携していくことが求められるのです。生活者の真の課題を解決するためには、従来のバウンダリー（境界線）を超えていく姿勢が不可欠です。

先述した「デジタルエコノミーの３つのドライバー」も、よりよい社会の設計や維持に影響を与えます。「デジタルがあらゆるところに市場を創り出す」ことでシェアードエコノミーやサーキュラーエコノミーはより広がり、資源がムダなく活用できるようになります。今後マーケットメカニズムを活用した制度設計は、社会課題の解決に広く適用されると思われます。「デジタルが不確実性をビジネスチャンスに変える」ことで、気候変動がもたらす災害の頻発や、高齢化がもたらす医療費増大といった課題にもデータを活用して解決策がもたらされるでしょう。「デジタルがサービス・製品の原材料になる」ことで、安心・安全な社会の基盤となるインフラがインテリジェンス化されてメンテナンス性や耐久性が高まったり、エネルギー供給の最適化が実現したりしてサステナブルな社会に近づいていくでしょう。

一方、デジタル化がもたらす課題もあります。デマやフェイクニュースの蔓延、情報の偏りがもたらすフィルターバブルやエコーチェンバー、個人情報の不正利用や漏洩などです。こうした事態を防ぐブロックチェーン技術などの活用や、情報銀行のようなサービスも始まっていますが、これもデジタル技術だけで解決できるものではありません。制度や運用ルール、それが実際に動くためのインセンティブの仕組みを設計し、社会に実装しなければ意味がないのです。

長引くコロナ禍、頻発する自然災害、不安定化する国際情勢など、先の見えない時代に主体的に真に豊かなデジタル社会を築いていくためには、デジタル技術の進展に歩調を合わせ、そのメリットを最大化し、デメリットを最小化するウィズダムを生かし続けなければなりません。

そんななか、私も昨年から新たなチャレンジに取り組んでいます。生活者起点の社会デザインをミッションとした「ソーシャルデザイン推進室」を担当しています。生活者のライフジャーニーのすべてを、よりスマートにする〈Smarter〉というテーマのもと、業際的に新たなサービスを生み出し、社会実装を推進する組織です。Create a Smarter Society by Digitalをビジョンとして、「Personalized Healthcare & Well-being」等6つのテーマでサービスを企画・開発しています。

互いに信頼でき（Trust）、多様な考え方が共存でき（Open）、絶えず学び続け、発展する（Innovative）デジタル社会の実現のために――。これからも顧客価値リ・インベンション戦略に沿って、学び続け、智恵をめぐらせていきたいと思います。

本書の執筆作業においては、多くの社内スタッフの助力をいただきました。私が十分な時間が取れないなか、思いや考えを具体化する議論につき合ってくれ、裏づけとなる事例やデータの収集や資料作成などに協力してくれたコンサルティング事業部の菊山直也さん、新田龍さん、横山真由子さん、菅家幸法さん、大塚彩加さん、政策秘書の佐藤慶彦さんをはじめ、企画を支えてくれたメンバーにはとても感謝しています。もちろん、日々の事業を通じて御指導いただいておりますお客さまにも、あらためて感謝の意を表したいと思います。

また、前2冊の書籍でご指導いただいた三品和広先生にも、あらためて御礼を申し上げたいと思います。三品先生にご指導いただいた事業立地の理論は、私が経営を考えるうえでいつも立ち戻る礎であります。本当にありがとうございます。

そして、本書を最後までお読みいただいた読者の皆さま、ありがとうございました。デジタルを生かした経営戦略の立案・実践のために、本書が少しでもお役に立つことができれば、これに勝る喜びはありません。

2021年11月

NTTデータ　代表取締役 副社長 執行役員

山口重樹

［著者］

山口重樹（やまぐち しげき）

NTTデータ代表取締役副社長執行役員。公共・社会基盤分野担当、中国・APAC分野担当、ソーシャルデザイン担当。
1961年兵庫県生まれ。1984年一橋大学経済学部卒業、同年日本電信電話公社入社。製造業、小売・流通・サービス業でのシステム開発、新規事業創出に従事し、特にコンサルティング、ERP、Eコマース、オムニチャネル、ペイメントの拡大に注力。近年は中国・APAC地域での事業拡大、デジタルソサイエティーの実現に向けた取り組みも推進。2013年執行役員法人コンサルティング＆マーケティング本部長、2016年常務執行役員ITサービス・ペイメント事業本部長、2017年取締役常務執行役員を経て、2018年6月より現職。著書に『デジタルエコノミーと経営の未来』(三品和広教授と共著（東洋経済新報社、2019年)、『信頼とデジタル』がある。(三品和広教授と共著（ダイヤモンド社、2020)

［第３章執筆協力］

菊山直也（きくやま なおや）

NTTデータ　コンサルティング＆ソリューション事業本部　コンサルティング事業部長。
1971年千葉県生まれ。1996年 国際基督教大学卒業、同年NTTデータ通信（現NTTデータ）入社。コンサルタントとして、IT戦略・グランドデザイン、IT組織・マネジメント整備、人材育成、業務改革、システム基本構想・要件定義、新規サービス創出などの案件を数多くリード。エネルギー・ユーティリティを中心に、製造業から小売業まで幅広く経験。近年はデザイン、データ活用、テクノロジなどを掛け合わせたアプローチによる業際DXでのビジネスデザインなども推進。2020年7月より現職。

新田龍（にった りょう）

NTTデータ　コンサルティング＆ソリューション事業本部　コンサルティング事業部　ソリューションコンサルティング統括部長。
1977年広島県生まれ。2000年東京大学法学部卒業、同年NTTデータ入社。官公庁向けシステム開発に従事した後、米国赴任を契機に約14年にわたり、製造業をはじめ多様な業種でのデータ分析・活用のコンサルティングやデータ分析基盤の導入、テクノロジー企業とのパートナーシップ拡大に従事。2021年4月より現職。

企画協力（50音順）

青山有吾	伊能忠司
大竹篤史	大塚彩加
大西壮輝	菅家幸法
佐藤慶彦	関口健司
高柳宏子	土佐知志
前川幸徳	俣木淳哉
三浦篤	三島徹
森野ひろ美	森山裕
横山真由子	渡辺健彦

デジタル変革と学習する組織

——「顧客価値リ・インベンション戦略」を実践する組織と人財

2021年12月7日　第1刷発行

著　者——山口重樹
発行所——ダイヤモンド社
〒150-8409　東京都渋谷区神宮前6-12-17
https://www.diamond.co.jp/
電話／03·5778·7359（編集）　03·5778·7240（販売）
装丁————遠藤陽一（DESIGN WORKSHOP JIN）
編集協力——小林直美、中川生馬、安藤柾樹（クロスロード）
撮影————ASAMI MAKURA（第4章）
通訳協力——アークコミュニケーションズ
校正————ディクション、茂原幸弘
製作進行——ダイヤモンド・グラフィック社
DTP————インタラクティブ
印刷————勇進印刷
製本————加藤製本
編集担当——音湘省一郎

ISBN 978-4-478-11476-6